HARCOURT SCHOOL PUBLISHERS

VILLA Cuentos

Hasta la cima

3

Harcourt
SCHOOL PUBLISHERS
www.harcourtschool.com

Requests for permission to make copies of any part of the work should be addressed to School Permissions and Copyrights, Harcourt, Inc., 6277 Sea Harbor Drive, Orlando, Florida 32887-6777. Fax: 407-345-2418.

Printed in the United States of America.

ISBN 0-15-374353-0
ISBN 978-0-15-374353-5

7 8 9 10 2266 16 15 14 13
4500407008

CONTENIDO

Lección 5

Lección 6

Lección 7

Lección 8

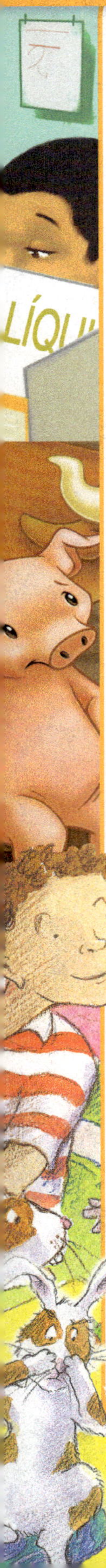

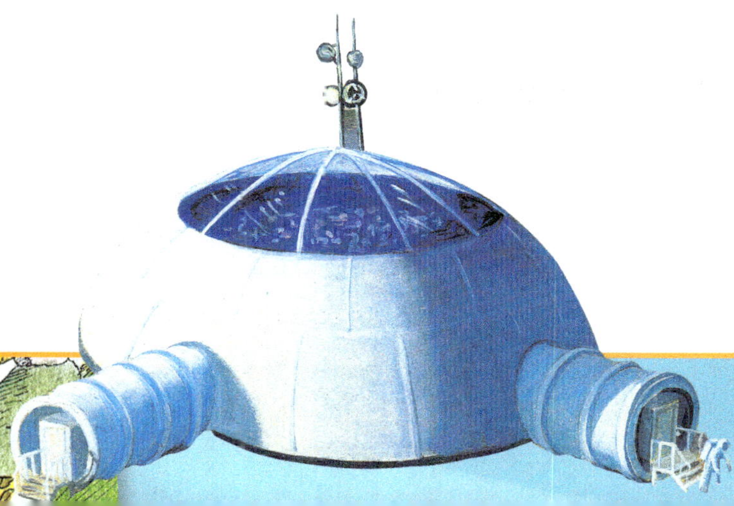

coincidencia

lustradas

imitar

murmuró

agradable

recitó

Vocabulario

Desarrollar un vocabulario rico

Escribe la palabra del vocabulario que complete cada oración. La primera ya ha sido completada como ejemplo.

Ana y Sara eran amigas. Para ambas era muy **(1)** ___**agradable**___ estar juntas.

Sara **(2)** ____________ un poema en la escuela. Ana hizo lo mismo que Sara.

Sara lustró su bolsa café. Ana hizo lo mismo. Las dos bolsas ahora están **(3)** ____________.

¡Qué **(4)** ____________ !

Ana tenía que batear. "¡Tú puedes hacerlo!", su papá le **(5)** ______________________ al oído. Ana bateó un hit. ¿Ana volverá a **(6)** ______________________ a Sara?

Escribe las respuestas de las siguientes preguntas. Responde con oraciones completas.

7. Ana tenía que ser como Sara. ¿Esto era agradable para Sara?

____

____

8. La bolsa de Ana era igual a la de Sara. ¿Fue esto una coincidencia?

____

____

¡Qué coincidencia!

por Guadalupe V. López
ilustrado por Chum McLeod

Ana y Sara eran amigas. Les era muy agradable estar juntas. Sara recitó un poema. Lo mismo hizo Ana. Sara lo dijo con emoción. Ana también. Ana tenía que ser como Sara. 1

Detente a pensar

1 ¿Qué hace Ana para ser como Sara?

Para ser como Sara, Ana ______________________________

____

____

Sara tenía una bolsa café. Ana se compró una igual. Sara lustró su bolsa. Ana también.

—¡Mira, ahora las dos están lustradas! —Ana le dijo a Sara. Ana tenía que ser como Sara. Esto no le agradó a Sara. **2**

Detente a pensar

2 ¿Qué sabemos de Sara hasta ahora?

Yo sé que Sara ______________________________

____

____

Sara se enfadó finalmente. Esto sucedió durante un partido de béisbol.

Ana le llevó un bate a Sara.

—¡Vamos! Batea tú primero. Yo lo haré después de ti.

—¡No! ¡No lo haré! ¡Tú batea primero! —dijo y se quedó sentada.

Estaba muy molesta. No quiso levantarse de ahí. **3**

Detente a pensar

3 ¿Por qué se enfada Sara?

Sara se enfada porque ______________________________

____

____

Ana se sintió muy triste entonces. "¿Por qué Sara actúa así"?, se preguntó. Obviamente, no comprendía que imitar a alguien puede ser enfadoso para esa persona.

Su papá pudo advertir que Ana estaba triste. Corrió hacia ella.

—¿No te das cuenta? —murmuró en su oído—. Tienes madera de beisbolista. ¡Vamos! ¡Tú puedes hacerlo! 4

Detente a pensar

4 Localiza la frase "Tienes madera de beisbolista". ¿Qué significa esta frase?

"Tienes madera de beisbolista" significa ______________________________

____

Ana se sintió muy contenta al oír las palabras de su papá. ¡Claro que PODÍA hacerlo! Se puso su gorra. Tomó el bate. Se colocó en la base de bateo. Estaba segura de poder lograrlo ahora.

—¡Vamos, lanza! —le gritó al lanzador. 5

Detente a pensar

5 ¿Cómo crees que se siente Ana ahora? ¿Por qué?

Yo creo que ahora Ana se siente ______________________________

____

____

¡Zas! ¡Miren eso! Ana corría. Dejó atrás a Luz. Dejó atrás a Juan. Dejó atrás a Luis. Ana corría veloz. 6

Detente a pensar

6 ¿Cómo puedes afirmar que Ana bateó un hit?

Puedo afirmar que Ana bateó un hit porque ______________________

____

____

El papá de Ana estaba feliz.

—¡Qué estupendo batazo! —la felicitó cuando terminó de anotar su carrera.

Sara llegó corriendo hasta ella.

—¿Ya ves? —le dijo a Ana al felicitarla—. ¡Tienes madera de beisbolista!

Ana no podía sentirse más dichosa.

—¡Qué coincidencia! —le dijo a Sara—. ¡Eso mismo me dijo mi papá! 7

Detente a pensar

7 ¿Crees que Ana todavía intentará ser como Sara? Explica tu respuesta.

Creo que Ana ______________________________

____

Maestros: Leer en voz alta

Pensamiento crítico

1. Antes que Ana bateara el hit, Sara estaba enfadada. Después de que Ana bateó el hit, ¿cómo cambiaron los sentimientos de Sara? Dibuja el siguiente cuadro en un cuaderno y complétalo.

PERSONAJES Y ESCENARIO

Antes del hit	Después del hit
Sara estaba molesta con Ana	

2. ¿Por qué el batazo de Ana hace sentir feliz a Sara? **CAUSA Y EFECTO**

El batazo de Ana hace sentir feliz a Sara porque ____________________

____

____

3. Si Ana fuera tu amiga, ¿cómo te sentirías si imitara todo lo que haces? **HACER CONEXIONES**

Si Ana fuera mi amiga y me imitara, me sentiría ____________________

____

____

asamblea

atrevió

autografió

bastante

despedir

retazos

Vocabulario

Desarrollar un vocabulario rico

Lee el cuento y piensa en el significado de las palabras resaltadas con letras más oscuras.

La señorita Arce consultó el reloj y vio que era hora de **despedir** la clase.

—Ya se pueden ir —les dijo a sus alumnos.

Los niños se fueron a la **asamblea**. Había **bastante** que hacer ahí. Vieron una enorme colcha de **retazos**. A su lado estaba Eva Millán. Tenía varios de sus libros con ella. La señora Millán **autografió** un libro. Arturo se **atrevió** a llamarla por su nombre. Era un gran admirador de ella. ¿Le autografiará *su* libro?

Escribe la palabra del vocabulario que complete cada oración. La primera ya ha sido completada como ejemplo.

1. La señorita Arce va a **(1)** ____**despedir**____ la clase.

2. Los niños fueron a la **(2)** ______________.

3. Allí vieron una colcha de ______________.

4. Había ______________ que hacer ahí.

5. Arturo se ______________ a llamar a la autora por su nombre.

6. La señora Millán ______________ un libro.

La señora Millán

por **Guadalupe V. Lopez** ilustrado por **Bridget Star Taylor**

¿A qué hora va a despedir la clase la señorita Arce?

Arturo no puede esperar más. Hay una asamblea muy importante. Toda la clase irá para allá en un rato más. Ahí estará Eva Millán. Arturo es un gran admirador de ella. 1

Detente a pensar

1 ¿Qué sabes del cuento hasta aquí?

Sé que ______________________________

____

____

Por fin estaban en la asamblea. Arturo no podía estarse quieto. Estaba muy cerca de la señora Millán. Se atrevió a llamarla por su nombre.

—¡Señora Millán! ¡Señora Millán —dijo. 2

Detente a pensar

2 Localiza la palabra *atrevió*. ¿Qué significa esta palabra?

La palabra "atrevió" significa ______________________________

____

____

—Me alegro mucho de que hayan venido —les dijo a todos la señora Millán—. ¿Cómo están?

Arturo no se dio por vencido. A toda prisa levantó su mano. 3

Detente a pensar

3 Arturo levanta su mano. ¿Qué crees que pasará a continuación?

Después de que Arturo levanta su mano, yo creo que ______________________

____

____

—Hola, buenos días —le dice la señora Millán.

Arturo se pone de pie.

—Hola, soy Arturo. Tengo *La cabaña en la colina*. ¡Me encantó! Lo leí varias veces. Sentí como si estuviera ahí. ¿Cómo lo logró?

Arturo vuelve a sentarse. **4**

Detente a pensar

4 ¿Qué es *La cabaña en la colina*? Subraya las palabras del párrafo que te ayuden a entender lo que es.

La cabaña en la colina es ______________________________________

____

—Mi familia tenía una cabaña —explicó la señora Millán—. Yo era una niña. Había muchos conejos. Corrían por todos lados. También íbamos a pescar. Comíamos en el campo. Había bastante que hacer ahí. 5

Detente a pensar

5 ¿Qué hacía la señora Millán en su cabaña cuando era niña?

Cuando era niña, la señora Millán ______________________________

____

____

—Hice una colcha de retazos —continuó diciendo la señora Millán—. Está hecha con mis recuerdos. Aquí está, mírenla. ¿Ven este conejo? Después le añadí otros retazos. ¡Hasta que la colcha quedó terminada! 6

Detente a pensar

6 ¿Por qué la colcha de retazos de la señora Millán tiene un conejo?

La colcha de retazos de la señora Millán tiene un conejo porque ____________

____

____

—Es como *La cabaña en la colina*. Está hecho con pedacitos de mi memoria. Le añadí unos recuerdos aquí y allá. ¡Hasta que el libro quedó terminado! Me alegro mucho de que te haya gustado.

Después, la señora Millán autografió el libro. Fue un regalo muy especial para Arturo. 7

Detente a pensar

7 ¿Cómo crees que Arturo se siente cuando la señora Millán le autografía su libro?

Pienso que Arturo se siente ______________________________

____

Maestros: Leer en voz alta

Pensamiento crítico

1. ¿Cuál es el escenario de este cuento? ¿Cuáles son los sucesos principales del cuento? Dibuja el siguiente cuadro en un cuaderno y complétalo. PERSONAJES Y ESCENARIO

Personajes	**Escenario**
Arturo y la señora Millán	

Sucesos principales

2. ¿En qué se parecen el libro y la colcha de retazos de la señora Millán? COMPARAR

Éstas son algunas cosas en que se parecen: ______________________

____

____

3. ¿Qué crees que a la autora le interesa que aprendas en este cuento? **PROPÓSITO DEL AUTOR**

Pienso que a la autora le interesa que yo aprenda ______________

____

____

cultura

determinada

recursos

tareas

tutor

uniformes

Vocabulario

Desarrollar un vocabulario rico

Escribe la palabra del vocabulario que complete cada oración. La primera ya ha sido completada como ejemplo.

Nos levantamos de la cama. Nos pusimos nuestros **(1)** ___**uniformes**___. Tendimos nuestras camas. Hicimos otras **(2)** ______________.

Bajamos por la colina para ir a la escuela. Las listas de las clases estaban en una parte **(3)** ______________ del corredor. Unos niños estarán en la clase de la señorita Adriana. Otros no. Ya lo averiguaremos.

Le rendimos homenaje a la bandera. Es un símbolo muy respetado en nuestra **(4)** ______________________. En el aula hay muchos **(5)** ______________________ para apoyar nuestras clases. Observamos los mapas.

Hacemos sumas en clase. René no puede hacerlo rápido. La señorita Adriana le asignará un **(6)** ______________________ después de clases. Así lo hará muy bien también.

Escribe las respuestas de las siguientes preguntas. Responde con oraciones completas.

7. ¿Cuáles tareas hacen los niños del cuento?

____

____

8. ¿Cuáles recursos ves en su aula?

____

____

Colina abajo

por Ana Julia Velasco
ilustrado por Shelly Bartek

Son las seis de la mañana. Los niños tienen que levantarse de prisa. Tienen que ponerse sus uniformes. Hacen rápido sus tareas. Toman leche tibia. Le dan un beso a su mamá. Le dan otro a su papá. Se echan sus mochilas a la espalda. Tienen muchos planes para hoy. ¡Ya están en camino! **1**

Detente a pensar

1 ¿Dónde crees que van estos niños? ¿Por qué?

Pienso que estos niños van a ______________________________

____

____

Los niños caminan colina abajo. Saltan entre las piedras. Brincan a lo largo del sendero. Se detienen a recoger a unos compañeros.

Todos caminan muy contentos. Algunos estarán en determinada clase. Otros estudiarán en una distinta. Unos niños están en la clase de la señorita Adriana. Otros aún no lo saben. No importa. Revisarán las listas de clases cuando lleguen a la escuela. Así lo averiguarán. 2

Detente a pensar

2 ¿Qué será lo primero que harán los niños al llegar a la escuela?

Primero, los niños ______________________________

____

____

Los niños llegan al final de una cuadra. Se detienen en el puesto de doña Carmela. Hoy tiene una caja de higos. Son suaves y oscuros. Dos niños eligen unos higos para su almuerzo. Después todos siguen su camino. **3**

Detente a pensar

3 ¿Quién es doña Carmela?

Doña Carmela es ______________________________

____

____

Finalmente llegan a su destino. Todos se congregan en torno a las listas. Las revisan con atención. Encuentran el nombre de él. Encuentran el nombre de ella. ¡Todos están en la clase de la señorita Adriana! ¡Qué buena noticia! 4

Detente a pensar

4 ¿Cómo te enteras en qué clase estarás al inicio de cada año escolar?

Al iniciar el año escolar me entero en la clase que estaré ____________

____

____

Todos entran al aula. Hay muchos recursos para apoyar sus lecciones. Los niños los miran con atención. Después toman asiento.

La señorita Adriana se alegra de verlos. Sonríe y les guiña. Tiene planeados muchos trabajos y tareas para ellos. **5**

Detente a pensar

5 ¿Cuáles son algunos de los recursos que hay en el aula?

Algunos de los recursos son ______________________________

____

____

La maestra les pide que se pongan de pie. Le rinden homenaje a la bandera. Es un símbolo muy importante de su cultura. Después todos guardan silencio. Vuelven a sentarse.

Observan los mapas. Ven algunos puntos señalados en ellos. Luego hacen sumas. Tomás suma muy rápido. La señorita Adriana se da cuenta de ello. René no puede hacerlo igual. La señorita Adriana le asignará un tutor después de clases. Así podrá hacerlo bien también. 6

Detente a pensar

6 Si tuvieras que buscar el significado de la palabra *cultura*, ¿lo harías en la tabla de contenidos o en el glosario de un libro?

Yo buscaría su significado en ______________________________

____

La clase ya ha terminado. Los niños toman sus mochilas. Están listos para retirarse.

La señorita Adriana hará que se diviertan en clase. Los niños la quieren mucho a ella. A todos les gusta su clase. 7

Detente a pensar

7 ¿Cómo crees que los niños se sientan ahora?

Pienso que los niños se sienten ______________________________

____

____

Maestros: Leer en voz alta

Pensamiento crítico

1. ¿Por qué razones crees que los niños quieren a la señorita Adriana? Dibuja el siguiente cuadro en un cuaderno y complétalo. **IDEA PRINCIPAL Y DETALLES**

Los niños quieren a la Srta. Adriana.

2. ¿En qué es igual esta escuela a la tuya? **COMPARAR**

En ambas escuelas, ______________________________________

____

____

3. ¿Por qué crees que la autora eligió escribir sobre esta escuela? **PROPÓSITO DEL AUTOR**

Pienso que la autora eligió escribir sobre esta escuela porque

____

____

desilusionada

dominar

invención

investigaciones

solicitar

talento

Vocabulario

Desarrollar un vocabulario rico

Escribe la palabra del vocabulario que complete cada oración. La primera ya ha sido completada como ejemplo.

Mae quería aprender muchas cosas nuevas. "Haré muchas

(1) ___**investigaciones**___ cuando sea grande", decía.

Mae le decía a su mamá: "Nunca te sentirás

(2) ______________________ de mí".

Mae era muy fuerte. No estaba dispuesta a dejarse **(3)** ______________________ por nada ni por nadie. Terminó la escuela. Después de eso, decidió **(4)** ______________________ su ingreso a la universidad. Fue una excelente estudiante ahí.

Después, Mae tuvo muchos empleos. Tiene un gran **(5)** ______________________ para realizar diferentes actividades. En uno de sus trabajos, creó algo nuevo. Fue una **(6)** ______________________ para ayudar a niños enfermos.

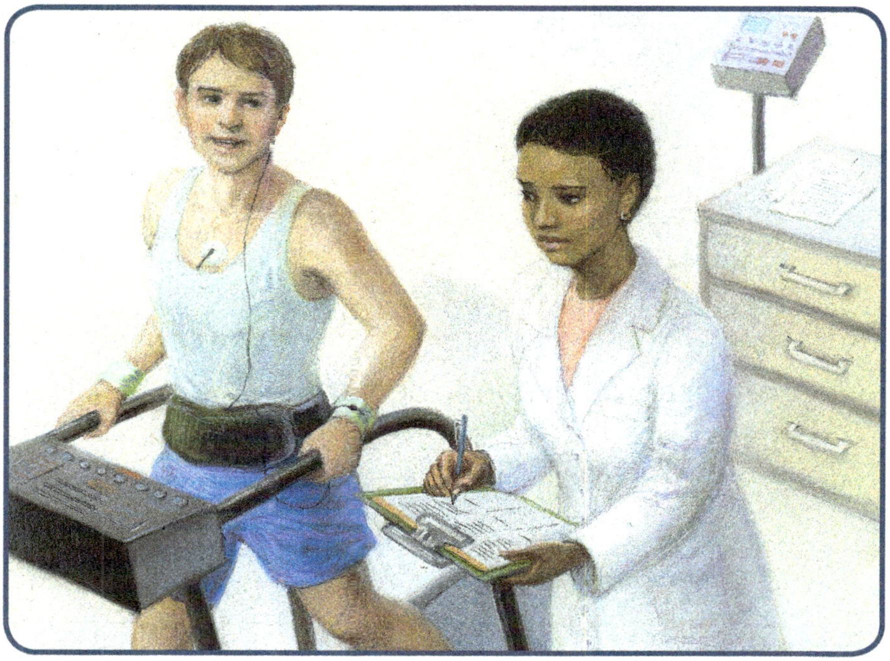

Mae Jemison

por Cecilia Rosario • ilustrado por Lyuba Bogan

—Mae Jemison, aún eres muy pequeña. ¿Qué harás cuando seas grande?

—Haré muchas investigaciones —respondía—. Aprenderé a hacer todas las cosas que me interesan. Conseguiré el mejor empleo de todos.

Apenas tenía seis años. 1

Mae estuvo en una clase como ésta.

Detente a pensar

1 ¿Qué quiere hacer Mae cuando sea grande?

Cuando sea grande, Mae quiere ______________________________

____

____

—Nunca te sentirás desilusionada de mí —le aseguraba a su mamá—. Siempre haré mi mayor esfuerzo.

Mae era muy fuerte. No estaba dispuesta a dejarse dominar por nada ni por nadie. 2

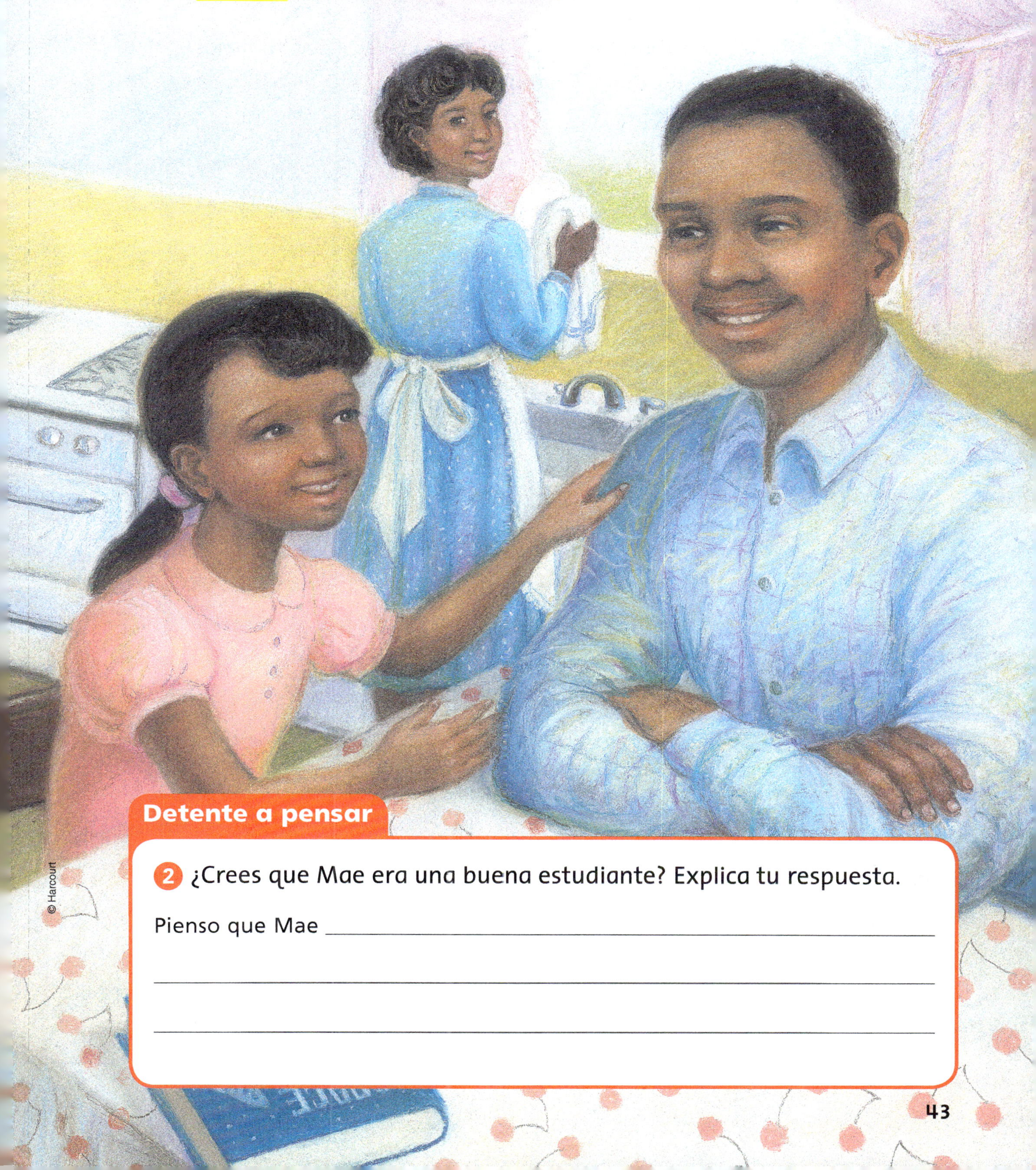

Detente a pensar

2 ¿Crees que Mae era una buena estudiante? Explica tu respuesta.

Pienso que Mae ______________________________

____

____

Una vez, Mae vio a una astrónoma en la televisión.

—Ella es muy hábil. Tiene un gran **talento** —dijo Mae—. Apuesto que puede llegar a viajar en una nave espacial. ¿Yo podría volar sobre nuestro planeta? ¿Podría trabajar haciendo eso?

Mae elaboró un plan. Asistió a clases. Hizo su mejor esfuerzo. Terminó la escuela. **3**

Detente a pensar

3 ¿Cuál piensas que era el plan de Mae?

Pienso que el plan de Mae era ______________________________

____

____

Después Mae dijo:

—Quiero solicitar mi ingreso a la universidad. Me convertiré en doctora. Así podré ayudar a curarse a los enfermos.

¡Mae fue aceptada en la universidad! Estaba lista para iniciar su carrera.

Fue una excelente estudiante ahí. Así se convirtió en doctora. Obtuvo un puesto para trabajar en África. Ayudó a los enfermos que vivían allá. **4**

Detente a pensar

4 ¿Qué hizo Mae después de convertirse en doctora?

Después de convertirse en doctora, Mae ______________________________

____

____

Después, Mae consiguió su segundo gran empleo. ¡Viajaría al espacio! Tuvo que asistir a muchas clases antes. Finalmente quedó lista para el viaje. Salió disparada más y más arriba en un cohete. Mae se sintió como una luna pequeñita girando alrededor de la Tierra. 5

Detente a pensar

5 ¿Cómo crees que se sentía Mae mientras viajaba al espacio?

Cuando Mae viajaba al espacio, pienso que se sentía ____________________

____

____

En su siguiente empleo, Mae creó algo nuevo y muy útil. Su invención ayudó a curar muchos enfermos.

Los empleos de Mae no terminaron ahí.

—He tenido los mejores empleos —dijo alguna vez—. ¿Cómo puedo ayudar ahora a los niños para que también realicen sus sueños? 6

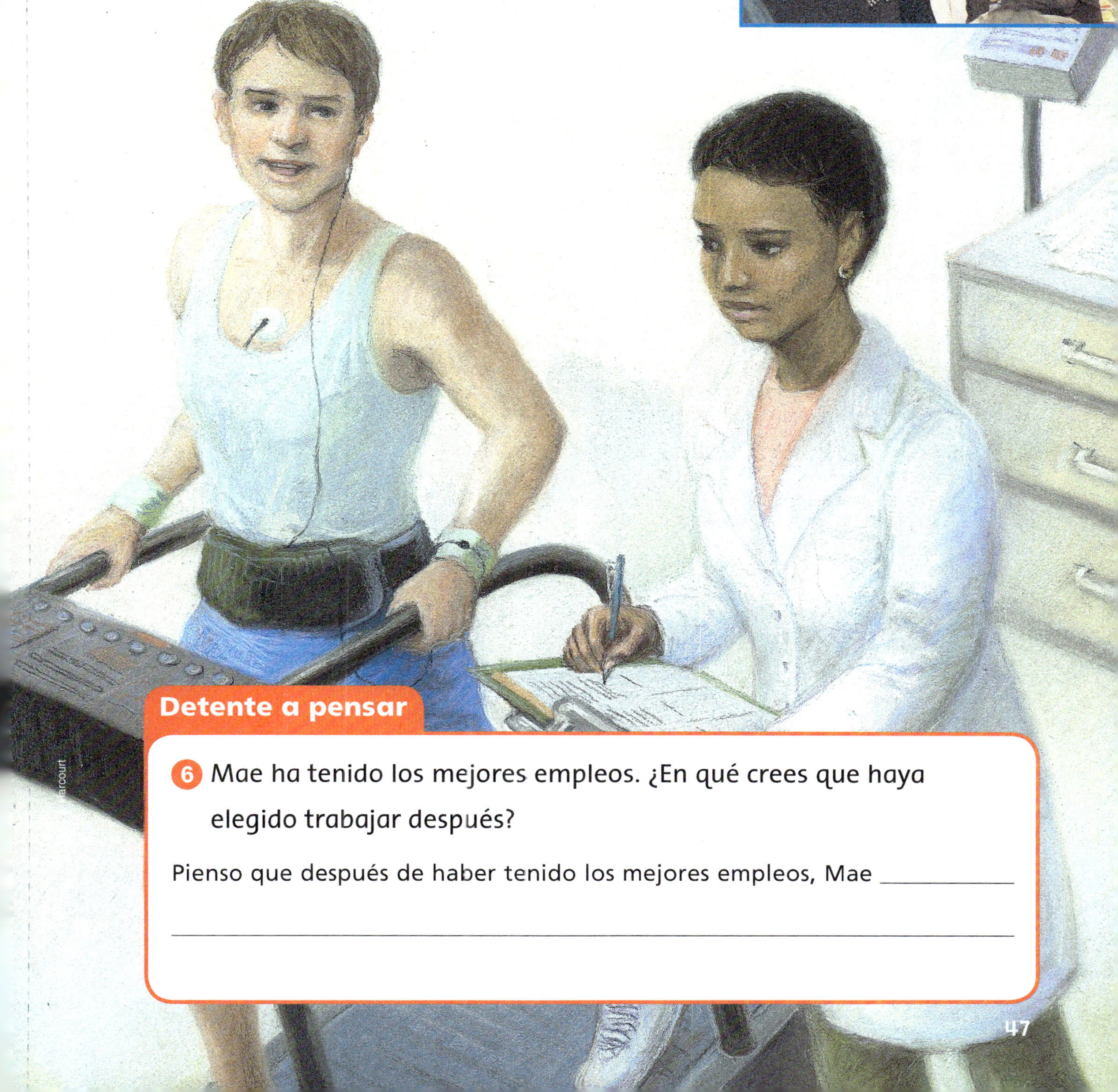

Detente a pensar

6 Mae ha tenido los mejores empleos. ¿En qué crees que haya elegido trabajar después?

Pienso que después de haber tenido los mejores empleos, Mae ____________

____

Ahora, Mae habla con los niños. Les recomienda hacer su mejor esfuerzo. También a ti te recomienda hacer tu mejor esfuerzo.

¿Qué harás cuando seas grande? Elabora un plan. Después, dile a alguien:

—¡Yo puedo lograrlo! 7

Detente a pensar

7 ¿Qué harás cuando seas grande? Explica tu respuesta.

Cuando sea grande, yo ______________________________

____

____

Maestros: Leer en voz alta

Pensamiento crítico

1. ¿Qué aprendiste de la vida de Mae Jemison? Dibuja el siguiente cuadro en un cuaderno y complétalo. **RESUMIR**

Infancia	
Escuela	
Adulta	

2. ¿Por qué crees que la autora escribió esta biografía? **PROPÓSITO DEL AUTOR**

   La autora quería que ____________________________________

3. Suponte que quieres obtener más datos sobre los años escolares de Mae Jemison. Para saber si un libro contiene estos datos, ¿buscarías en la tabla de contenidos o en el glosario? **LOCALIZAR INFORMACIÓN**

   Para saber si un libro contiene esos datos, buscaría en

camuflaje

encubren

independiente

medios

obsequió

televidentes

Vocabulario

Desarrollar un vocabulario rico

Escribe la palabra del vocabulario que complete cada oración. La primera ya ha sido completada como ejemplo.

1. La señorita Moreno les dice a los

   ___**televidentes**___ lo que verán.

   uniformes   recursos   televidentes

2. Las catarinas se ______________________ en áreas

   encubren   obsequian   desilusionan

   rojas, como el vestido de Rita.

3. La catarina es roja. El vestido es rojo. A esto se le

   llama ______________________ .

   invención   investigación   camuflaje

4. Esta catarina no quiere ir con las demás. Parece ser muy

____________________ .

desilusionada **independiente** **obsequiada**

5. La señora Martínez ____________________

obsequió **encubrió** **autografió**

dos cajas de catarinas. Es un regalo para toda la clase. ¡Allá volarán hacia las plantas!

6. Las catarinas eliminan a los insectos dañinos. Así ayudan a las plantas. Con todas esas catarinas buenas, los botones de las flores tienen más

____________________ para sobrevivir.

camuflajes **medios** **televidentes**

Escribe las respuestas de las siguientes preguntas. Responde con oraciones completas.

7. ¿Cómo se encubren las catarinas? ____________________

____

8. ¿Por qué las catarinas son buenas para las plantas? ________________

____

____

Flores y catarinas

por Guadalupe V. Lopez

ilustrado por Marilyn Mets y Peter Ledwon

Personajes

Iván	Señorita Moreno
Rita	Señora Martínez

Iván: Yo soy Iván. Mi compañera es Rita. Nuestra clase está saliendo a una excursión. Señorita Moreno, ¿qué es lo que veremos? Dígaselo, por favor, a nuestros televidentes.

Señorita Moreno: Vamos al invernadero de plantas de luz. Ahí veremos botones de flores y también catarinas. 1

Detente a pensar

1 ¿Quién está saliendo al invernadero de plantas de luz?

La gente que está saliendo al invernadero de plantas de luz son ________

____

____

Iván: ¡Flores y catarinas!

Señorita Moreno: Sí. Será muy divertido.

Iván: Gracias, señorita Moreno. Subamos ahora al autobús. ¡Partamos ya al invernadero de las plantas de luz! 2

Detente a pensar

2 ¿Qué significa "partamos"? Explica tu respuesta.

"Partamos" significa ______________________________

____

____

Rita: ¡Ya estamos aquí!

Iván: No fue un viaje muy largo.

Rita: En el camino, cantamos canciones. Iván, ¿tú también cantaste?

Iván: No, no canté. Pero me divertí mucho oyéndolos cantar. 3

Detente a pensar

3 ¿Qué otras cosas pueden hacer en el autobús escolar para pasar mejor el tiempo?

Para pasar mejor el tiempo, podemos ______________________________

____

____

Rita: ¡Éste es el invernadero de las plantas de luz! Ella debe ser la señora Martínez.

Señora Martínez: ¡Me alegro de que hayan podido venir! Hay mucho que ver. Miren dentro de esta caja.

Rita: ¡Veo cientos de catarinas rojas! Todas tienen pequeños puntos negros. **4**

Detente a pensar

4 La señora Martínez dice que hay mucho que ver. Menciona algo que los niños vean.

Los niños ven ____

____

____

Señora Martínez: Sí, así son la catarinas. Ahora, toma esta taza. La llenaré de catarinas.

Rita: Y ahora, ¿qué va a pasar?

Señora Martínez: Deja que las catarinas vuelen hacia los botones.

Rita: Como usted diga. ¡Miren, ahí van!

Iván: ¿Qué es lo que están haciendo las catarinas, señora Martínez?

Señora Martínez: Las catarinas eliminan a los insectos dañinos. Con su ayuda, los botones cuentan con más medios para sobrevivir. 5

Detente a pensar

5 ¿Cómo crees que las catarinas eliminan a los insectos dañinos?

Pienso que las catarinas eliminan a los insectos dañinos ____________________

____

____

Señora Martínez: Échate una mirada encima. ¿Puedes ver la catarina que hay en tu manga? Los hilos rojos la encubren porque son del mismo color.

Señorita Moreno: A esto se le llama camuflaje. Las catarinas es roja. El vestido es rojo. Esto hace que sea difícil distinguir a la catarina ahí.

Iván: Quizás esta catarina es muy independiente. No parece querer irse con las demás. 6

Detente a pensar

6 ¿Qué significa la palabra *encima* en la oración "Échate una mirada encima"?

En esta oración, la palabra "encima" significa ______________________

____

____

Rita: Ve a hacer tu trabajo, pequeña catarina. ¡Vamos!

Señora Martínez: Señorita Moreno, ¿me había dicho que su clase tiene algunas plantas?

Señorita Moreno: Sí, tenemos algunas.

Señora Martínez: En tal caso, tengo un regalo para ustedes. Tome. Son para las plantas de su clase.

Iván: ¡La señora Martínez nos obsequió dos cajas llenas de catarinas!

Rita: Señora Martínez, usted es muy amable. Ahora nuestras flores tendrán también catarinas.

Señorita Moreno: Se lo agradezco mucho.

Iván: Y así termina nuestra excursión al invernadero de las plantas de luz. (7)

Detente a pensar

(7) ¿Qué aprendiste sobre las catarinas en este cuento?

Aprendí que las catarinas ________________________________

____

____

Maestros: Leer en voz alta

Pensamiento crítico

1. ¿Qué crees que los niños harán con las catarinas que les regaló la señora Martínez? **PREDECIR**

   Creo que los niños ____

   ____

2. ¿Qué aprendió la clase acerca de las catarinas en su excursión? **TRAMA**

   La clase aprendió que las catarinas ______________________________

   ____

3. ¿Dónde podrías obtener más información sobre las plantas? **LOCALIZAR INFORMACIÓN**

   Podría obtener más información sobre las plantas en __________

   ____

   ____

aturdido

desmaya

elevada

plena

raída

vergüenza

Vocabulario

Desarrollar un vocabulario rico

Lee el cuento y piensa en el significado de las palabras resaltadas con letras más oscuras.

Los niños estaban en el lote baldío. Éste se localizaba en la parte más **elevada** de la ciudad. En el lote baldío había mucho sol y polvo. Muchos niños iban ahí a jugar béisbol.

Irma abanicó el bate. ¡La pelota se fue de hit! Ricardo se quedó **aturdido** al ver correr a Irma. Gritó con todas sus fuerzas:

—¡Más despacio! ¡Irma se **desmaya** cuando corre muy aprisa!

Irma no le hizo caso. Sabía que todos la miraban. Sintió mucha **vergüenza** por haberse puesto esa playera **raída**. Pero ésa era la condición de su mamá para dejarla jugar ahí.

Sergio estaba divirtiéndose en grande. De pronto, en **plena** carrera de Irma, Ricardo llegó y le dijo:

—Es tu turno al bate.

Sergio no quería hacer el ridículo. De todos modos, dio un paso al frente.

Escribe la palabra del vocabulario que complete cada oración. La primera ya ha sido completada como ejemplo.

1. El lote baldío se localizaba en la parte más **elevada** de la ciudad.

2. Ricardo habló con Sergio en ____________________ carrera de Irma.

3. Ricardo dijo que Irma se ____________________ cuando corre muy aprisa.

4. Ricardo se quedó ____________________ al ver correr a Irma.

5. Más que alegría, Irma sentía ____________________ de que todos la estuvieran viendo.

6. Esa playera ____________________ fue la condición que la mamá de Irma le puso para dejarla ir a jugar al lote baldío.

¡Un gran admirador!

por Ana Celia Cervantes
ilustrado por A. J. Garces

Irma se derrapó envuelta por una nube de polvo. Acababa de darle una vuelta completa al lote baldío.

—¡Ése fue un gran batazo! —le dije.

Irma sonrió mientras se ponía de pie. Chocamos nuestras manos.

Ricardo nos alertó:

—Irma se desmaya cuando corre tan aprisa.

Afortunadamente, todo salió bien. —Sergio, es tu turno. 1

Detente a pensar

1 ¿Qué acaba de hacer Irma? ¿Cómo lo sabes?

Sé que Irma acaba de ______________________________

____

____

Nuestro lote baldío se localizaba en la parte más elevada de la ciudad. Hacía mucho calor y había demasiado polvo ahí, además de piedras y ramas. A pesar de esto, nos divertíamos en grande. Por eso, íbamos muchos niños de diferentes partes de la ciudad a jugar ahí.

A Irma su mamá le ponía como condición que se pusiera su playera más raída para jugar allá. Aunque le daba vergüenza, Irma aceptaba porque era mayor su deseo de jugar béisbol. (2)

Detente a pensar

(2) ¿Por qué su mamá le ponía como condición a Irma que se pusiera la playera más raída si quería ir a jugar al lote baldío? Explica tu respuesta.

Su mamá le ponía a Irma esa condición porque ______________________

____

Era mi turno al bate.

—Avisa cuando estés listo —me dijo Ricardo.

—¡Ahora! —grité.

La pelota me pasó de largo. Di un paso hacia atrás. Mientras abanicaba el bate, pude ver a alguien que caminaba cerca del lote. Llevaba una bolsa azul.

¡Era Mario Marín! Era el mejor bateador de todos. Era alto y delgado como una garrocha. Era ligero como el viento. ¡Yo era su más grande admirador! 3

Detente a pensar

3 ¿Qué opinión le merece al narrador Mario Marín?

El narrador opina de Mario Marín que ______________________________

____

____

—¡Vamos, Sergio! ¡Batea ya! —gritó Ricardo.

Elevé el bate por encima de mi hombro derecho. Mario Marín se detuvo a ver. Puso su bolsa en el suelo. Me miró en plena cara. Por un momento me quedé aturdido. Luego, agarré el bate con todas mis fuerzas. Deseaba batear un buen hit. Uno que pudiera ver mi jugador favorito. 4

Detente a pensar

4 ¿Qué crees que sucederá a continuación?

Pienso que a continuación ______________________________

____

____

¡Zaz! ¡Mi bate dio justo en el centro! ¡Era un verdadero hit! ¡Lo había logrado! Corrí como el viento. Miré de reojo a Mario. ¡Mi hit había llegado más lejos de donde él estaba! Mario me sonrió. Me sentí mejor que nunca. **5**

Detente a pensar

5 Sergio dice que se siente mejor que nunca. ¿Cómo crees que se siente Mario?

Pienso que Mario se siente ______________________________________

____

Corrí hasta donde estaba Mario.

—Tú eres Mario Marín. Yo soy un gran admirador tuyo —le dije.

—Gracias —me dijo sonriendo—. Quisiera comentarte algo. Hace muchos años, éste fue mi lote baldío. Aquí venía a jugar béisbol de niño. Y, ahora, cuando hago algo bien, vengo aquí a dar gracias por todo lo que aprendí en este lote.

—Batea con nosotros —le rogué. **6**

Detente a pensar

6 ¿En qué se parecen Sergio y Mario? ¿En qué son distintos?

Sergio y Mario se parecen en ______________________________

____

Sergio y Mario son distintos en ______________________________

—Eso sería muy divertido —dijo Mario—, pero ya tengo que irme. ¡Felicidades por tu batazo!

—Gracias —le dije.

El autobús llegó a la parada. Mario lo abordó. Se quitó la gorra para despedirse.

—Gracias por el buen rato que me hiciste pasar, Sergio. Estoy seguro de que también llegarás a ser un gran beisbolista —dijo.

No pude hacer nada, salvo sonreír. 7

Detente a pensar

7 ¿Qué pudo haber pensado Mario cuando vio a Sergio batear?

Mario pudo haber pensado ______________________________

____

____

Pensamiento crítico

1. Menciona dos hechos y dos opiniones del cuento. Dibuja el siguiente cuadro en un cuaderno y complétalo. **HECHOS Y OPINIONES**

Hechos	Opiniones

2. ¿Por qué es Mario Marín importante para el cuento? **TRAMA**

Mario Marín es importante para el cuento porque ______________

____

____

3. Si fuera tu turno al bate y Mario Marín te estuviera viendo, ¿qué harías? **RESPUESTA PERSONAL**

Probablemente, yo ______________________________

____

____

chillaba

demostración

extravía

obedece

olor

patrullando

Vocabulario

Desarrollar un vocabulario rico

Escribe la palabra del vocabulario que complete cada oración. La primera ya ha sido completada como ejemplo.

Campeón es un perro K-9. Aldo es su compañero. Ambos están ahora **(1)** **patrullando**. Su trabajo consiste en solucionar problemas y en auxiliarnos.

No todos los perros pueden ser oficiales K-9. Campeón tuvo que aprobar antes un examen. Allí tuvo que hacer una **(2)** ____________________ . de sus habilidades.

Gracias a su entrenamiento, Campeón **(3)** ____________________ las órdenes que le da Aldo. Además, Campeón tiene una facultad natural para reconocer entre miles un **(4)** ____________________ determinado.

Si alguien se **(5)** ____________________ , Campeón es capaz de localizarlo utilizando su agudo sentido del olfato. Al verlo en el cumplimiento de su deber, es difícil creer que Campeón alguna vez fue un cachorro que **(6)** ____________________ asustado.

Campeón en funciones

por Guadalupe V. Lopez
ilustrado por Erica Pelton Villnave

Campeón y Aldo están patrullando su área. Campeón es un perro K-9. Aldo es su compañero.

Ambos permanecen atentos a lo que sucede a su alrededor. Su trabajo consiste en solucionar problemas y auxiliarnos. Realizan muchas actividades para ser útiles a la comunidad. (1)

Detente a pensar

(1) ¿Quién es Campeón? ¿Qué trabajo desempeña?

Campeón es ____

____

____

No todos los perros pueden ser oficiales K-9. Campeón tuvo que pasar antes un examen. Muchos perros asistieron al entrenamiento. Si alguno **chillaba** frente al peligro, quedaba fuera. También eran eliminados los que mordían o ladraban sin control. Con ese mal carácter no podían ser perros K-9.

Pero Campeón hizo ahí una excelente **demostración** de sus habilidades. ¡Fue el mejor! Ese mismo día se convirtió en un perro K-9 y, también, en el compañero de Aldo. **2**

Detente a pensar

2 ¿Crees que Campeón será un buen compañero para Aldo? Explica tu respuesta.

Pienso que Campeón ______________________________

____

____

Aldo está muy contento de tener a Campeón a su lado. Su compañero K-9 tiene unas patas muy fuertes. Corre veloz. Salta grandes obstáculos. Reacciona rápido y puede ver y oler muy bien.

Además, Campeón obedece todas las órdenes que le da Aldo. Se sienta cuando él se lo ordena, por ejemplo. Con esas cualidades, Campeón hará muy bien su trabajo de patrullaje. 3

Detente a pensar

3 Aldo está muy contento de tener a Campeón. Escribe tres razones por las que se siente así.

Aldo está feliz de tener a Campeón porque ______________________________

____

____

¿Qué pasaría si alguien como tú se extravía por tomar una ruta desconocida camino a casa? ¡Es posible que te asustes mucho y tu mamá también! Al no encontrarte tu mamá, ¿cómo crees que Aldo y Campeón la auxiliarían?

Aldo le pedirá a tu mamá que le preste una prenda de vestir tuya, una chamarra, por ejemplo. Campeón la olerá. Huele a ti. Campeón rastrea tu olor. Aldo y tu mamá lo siguen de cerca.

Poco después, ¡el perro K-9 da contigo! Ves a Campeón y, cerca de él, a tu mamá. Ella está tan feliz como tú. Campeón es un perro muy útil para la comunidad. (4)

Detente a pensar

(4) ¿Qué opinión da la autora acerca de Campeón en este pasaje?

En este pasaje, ésta es una opinión: ______________________________

____

____

¿Qué pasaría si alguien toma una bolsa que no es suya y pone pies en polvorosa?

En una simulación, Aldo y Campeón demuestran lo que son capaces de hacer.

—¡Atrapa a ese hombre! —le ordena Aldo a su compañero.

Campeón sale tras del fugitivo. El hombre lo mira. Intenta seguir huyendo, pero muy pronto se da cuenta de que no puede ser más rápido que un perro K-9. ¡Campeón ha hecho un gran trabajo! **5**

Detente a pensar

5 ¿Qué significa la expresión "poner pies en polvorosa"?

La expresión "poner pies en polvorosa" significa ______________________

____

____

Aldo y Campeón visitan niños que están enfermos. Los niños preguntan.

—¿Puede Campeón atrapar a alguien?

—¿Puede Campeón sentarse?

—¿Puede Campeón cantar?

Campeón les muestra lo que es capaz de hacer. No, no puede cantar, pero aun así, los niños quedan impresionados.

—¿Puedo abrazar a Campeón? —pregunta uno de los niños.

—Siempre debes preguntar primero. Así que muchas gracias por haberlo hecho —le responde Aldo—. Pero es mejor no abrazarlo. En cambio, puedes rascarle la barbilla. A Campeón le gusta mucho que lo rasquen. 6

Detente a pensar

6 Si pudieras conocer a Aldo y a Campeón, ¿qué les preguntarías?

Yo les preguntaría ______________________________

____

____

Aldo y Campeón se van a patrullar. Tienen muchas cosas qué hacer. Encuentran personas y objetos extraviados. Localizan problemas y situaciones difíciles. Visitan niños en hospitales.

Ahora, Aldo se detiene a descansar. Campeón se echa a sus pies. Eleva su cabeza para mirar a Aldo. Éste le rasca la barbilla. Ambos son muy buenos amigos.

Campeón lo mira y pareciera estar pensando: "¿A qué hora es el almuerzo? Con gusto compartiría un emparedado de pollo contigo, Aldo". 7

Detente a pensar

7 ¿Qué quiere la autora que entiendas acerca de los perros policía?

La autora quiere que entienda ______________________________

____

____

Maestros: Leer en voz alta

Pensamiento crítico

1. Indica dos hechos que hayas aprendido acerca de Campeón. Menciona también dos opiniones. Dibuja el siguiente cuadro en un cuaderno y complétalo. **HECHOS Y OPINIONES**

Hechos	Opiniones

2. ¿En qué son iguales Aldo y Campeón? ¿En qué se diferencian? **COMPARAR Y CONTRASTAR**

Aldo y Campeón son iguales de las siguientes maneras:

____

____

Aldo y Campeón son diferentes de las siguientes maneras:

____

____

3. ¿La autora escribió esta selección para divertirte o para informarte? **PROPÓSITO DEL AUTOR**

La autora escribió esta selección para ____________________

____

asean

avisa

chirrían

comunican

sacuden

señal

Vocabulario

Desarrollar un vocabulario rico

Lee el cuento y piensa en el significado de las palabras resaltadas con letras más oscuras.

Nuestras mascotas pueden hablar. Se **comunican** de diferentes maneras. Cuando los perro **sacuden** su cola, nos hacen saber que quieren jugar.

Tu gato gruñe. Arquea su lomo. Su pelaje se eriza. Así te **avisa** que se siente amenazado.

Los pájaros **chirrían**. Se alborotan entre las ramas. Así nos anuncian que el sol está por salir u ocultarse.

La gallina cacarea. Rasca la tierra. Con esa **señal** les dice a sus polluelos que la cena está lista.

Los puercos se cubren de lodo. ¿Crees que así se **asean**? En realidad, nos están diciendo que tienen calor.

Escribe la palabra del vocabulario que complete cada oración. La primera ya ha sido completada como ejemplo.

1. La gallina cacarea y rasca la tierra. Ésta es una **señal** para llamar a la cena.

2. Nuestras mascotas se ______________ de diferentes maneras.

3. El gato gruñe y arquea su lomo. Así ______________ que se siente amenazado.

4. Los perros ______________ la cola para mostrar que están contentos.

5. Los puercos no se ______________ cubriéndose con lodo. Así expresan que tienen calor.

6. Los pájaros avisan que el sol está por salir u ocultarse cuando ______________ y se alborotan en los árboles.

Las mascotas hablan

por Guadalupe V. Lopez

Las mascotas son muy listas. Pueden hablar. Se comunican entre ellas y también con nosotros. ¿Cómo? Veámoslo a continuación. 1

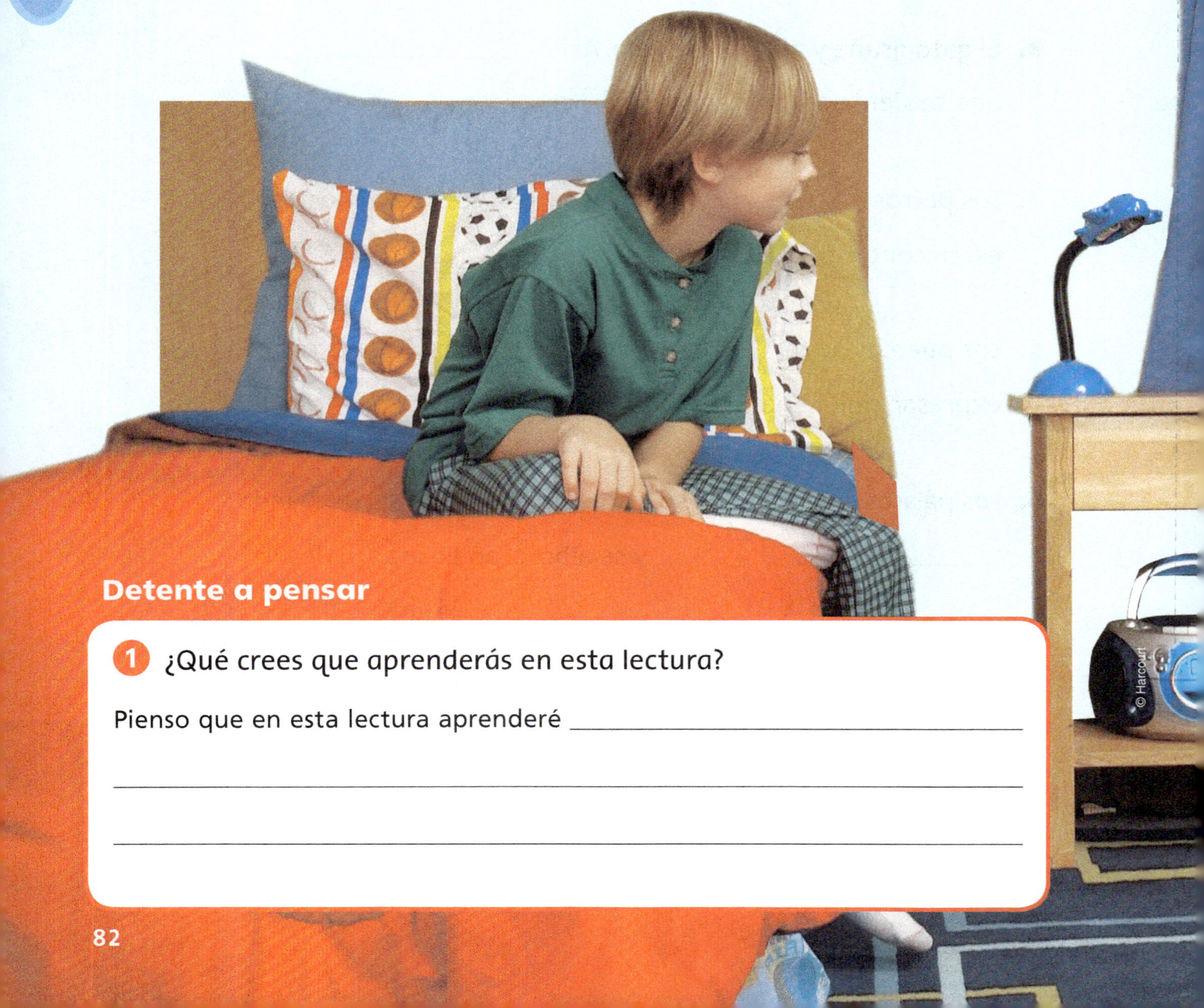

Detente a pensar

1 ¿Qué crees que aprenderás en esta lectura?

Pienso que en esta lectura aprenderé ______________________________

____

____

El patio está oscuro. Un perro ladra.
También gruñe. ¿Qué nos está diciendo ese perro? 2

Detente a pensar

2 ¿Cómo se comunica un perro?

Un perro se comunica por medio de ______________________________

____

____

Un gato arquea su lomo. Gruñe con siseos roncos. Su pelaje se eriza. ¿Qué nos está diciendo ese gato?

"¡Quiero que te **detengas!** Ésta es una señal de advertencia. **Me siento amenazado.** Si te acercas, puedo hacerte daño". 3

Detente a pensar

3 Si ves que un gato arquea su lomo, ¿por qué no deberías jugar con él?

No debería jugar con él porque ______________________________

____

____

Una gallina cacarea. Rasca la tierra. Así les avisa a sus polluelos que la cena está lista. 4

Detente a pensar

4 ¿Cómo se comunica una gallina?

La gallina se comunica ______________________________

____

____

Otra gallina está cerca del nido. Camina de un lado a otro muy erguida. Cacarea con más fuerza. ¿Qué nos quiere decir esta gallina? **5**

"Vengan a echar un vistazo al **granero**. Hay un huevo en mi nido. Aún está tibio. ¡Lo hice yo solita!"

Detente a pensar

5 ¿Cómo actúas cuando haces algo de lo que te sientes orgulloso?

Cuando me siento orgulloso de algo que hice, yo ____________________

____

____

Un puerco está en su corral. Ahí hay un charco. El puerco se cubre todo de lodo. Algunas personas creen que así se asean los puercos. Por eso los consideran sucios. ¿Tú qué crees que nos quiere decir ese puerco?

"Un baño de lodo es lo mejor que hay contra el calor y las moscas. ¿Quieres darte un chapuzón?" 6

Detente a pensar

6 ¿Por qué les gusta a los puercos cubrirse de lodo?

Los puercos se cubren de lodo porque ____________________

____

____

Las mascotas nos envían muchos mensajes más. Si los perros sacuden la cola, es porque quieren jugar. Si los pájaros chirrían y se alborotan entre las ramas de los árboles, es porque el sol está por salir u ocultarse. Todos los animales tienen algo que decirnos. Obsérvalos bien para que aprendas a comunicarte con ellos. 7

Detente a pensar

7 ¿Qué otros mensajes crees que las mascotas pueden darte?

Pienso que las mascotas también pueden hacerme saber ______________________

____

____

Pensamiento crítico

1. ¿Qué aprendiste acerca de las diferentes maneras en que se comunican las mascotas? Dibuja el siguiente cuadro en un cuaderno y complétalo. **IDEA PRINCIPAL Y DETALLES**

Las mascotas nos hablan de distintas maneras.

2. ¿Cómo nos hacen saber los gatos que están contentos? **USAR LOS CONOCIMIENTOS PREVIOS**

Cuando están contentos, ______________________________

____

____

3. ¿Qué te recomienda la autora que hagas ahora que conoces esta lectura? ¿Por qué? **PROPÓSITO DEL AUTOR**

La autora me recomienda que ___________________________

____

____

banquete

curioso

distinguir

generosos

hambre

irresistible

Vocabulario

Desarrollar un vocabulario rico

Lee el cuento y piensa en el significado de las palabras resaltadas con letras más oscuras.

Hace muchos años, el **hambre** azotó el pueblo de San Miguel. Los aldeanos habían perdido todas sus cosechas. Pero ahora, sus cosechas eran otra vez abundantes. Trabajaban con tanta dedicación que no tenían tiempo para divertirse y ni siquiera para hablar. Temían volver a quedarse sin nada para comer.

Federico ideó un plan. Decidió que tenían que ser **generosos**. Llevó a la plaza una enorme olla con pollo. Quería organizar un **banquete**.

Pedro caminaba por la plaza. Le pareció muy **curioso** lo que Federico hacía. El olor que provenía de la olla le pareció **irresistible**. Pero como no lo pudo **distinguir**, le preguntó a Federico:

—¿Qué cocinas ahí que huele tan rico?

Escribe la palabra del vocabulario que complete cada oración. La primera ya ha sido completada como ejemplo.

1. El pueblo de San Miguel había sido azotado por el **hambre**.

2. Federico quería organizar un ________________ en la plaza.

3. Federico ideó que tenían que ser ________________ al preparar sus alimentos.

4. A Pedro le pareció muy ________________ lo que Federico hacía.

5. El olor que provenía de la olla le pareció ________________.

6. Pedro le preguntó a Federico qué estaba cocinando porque no pudo ________________ ese olor.

¡Más, más y más!

por Guadalupe V. López

ilustrado por Donald Wu

Hace muchos años, el pueblo de San Miguel fue azotado por el hambre. Los aldeanos habían perdido todas sus cosechas. Pero eso era cosa del pasado. Ahora, todo había mejorado.

A pesar de ello, los aldeanos trabajaban de sol a sol. Nadie tenía tiempo para divertirse y ni siquiera para hablar. Aun de noche se mantenían ocupados con las labores de sus granjas. 1

Detente a pensar

1 ¿Por qué crees que los aldeanos no se divierten ni hablan?

Pienso que los aldeanos no se divierten ni hablan porque ____________________

____

____

Nadie quería hablar. Nadie quería divertirse. Federico se sentó en el porche de su casa para meditar en torno a este problema. ¡Tenía que hacer algo al respecto!

Así fue como Federico ideó un plan. Primero, preparó un pollo al limón. ¡Olía delicioso! Luego, llevó la olla con el pollo a la plaza del pueblo. El grato aroma llenó toda la plaza muy pronto. **2**

Detente a pensar

2 ¿Qué crees que Federico está esperando que suceda a continuación?

Pienso que Federico espera que ______________________________

____

____

Pedro caminaba por la plaza. Iba cabizbajo, ajeno a todo lo que sucedía a su alrededor. De pronto, un olor lo hizo reaccionar. No lo pudo distinguir de momento, pero el aroma le pareció irresistible. Miró en todas direcciones y, al ver a Federico con una olla, corrió hacia él.

—¿Qué tienes ahí, Federico? —le preguntó curioso.

—Habrá una comida al aire libre a las cuatro de la tarde —le respondió Federico—. ¡No lo olvides! ¿Por qué no cooperas con algo? 3

Detente a pensar

3 ¿Por qué crees que Pedro caminaba cabizbajo por la plaza?

Pienso que Pedro caminaba cabizbajo por la plaza porque ______________

____

____

—Puedo traer un elote pequeñito que me sobra —respondió Pedro.

—Nada de eso —replicó Federico—. Tienes que traer ¡más, más y más! Ve a tu huerta y trae todos los que puedas. ¡Tenemos que ser generosos con nosotros mismos!

—Haré lo que me pides. Cortaré los elotes más grandes y tiernos —dijo al despedirse.

Poco después, Pedro regresó a la plaza. Traía un costal repleto de elotes grandes y tiernos. Puso todo ese maíz al lado de la olla de Federico. 4

Detente a pensar

4 ¿Cómo demuestra Pedro que sí puede ser generoso?

Pedro demuestra que sí puede ser generoso ______________________________

____

____

Después, Genaro llegó a la plaza. No pudo resistir el delicioso olor del pollo. No pudo resistir el rico aroma de los elotes. Vio entonces que Federico y Pedro se divertían platicando.

—¿Qué es todo esto? —les preguntó Genaro.

Federico sonrió.

—Habrá una comida aquí en la plaza a las cuatro de la tarde. ¿Puedes cooperar con algo? **5**

Detente a pensar

5 Piensa ahora en el plan de Federico. ¿Crees que su plan está funcionando? Explica por qué.

Pienso que el plan de Federico ______________________________

____

—Puedo traer un poco de leche —respondió Genaro.

—Nada de eso —replicó Federico—. Tienes que traer más, más y más. Cómprala en la tienda, si es necesario.

—Haré lo que me pides. Traeré toda la leche que pueda conseguir —respondió Genaro mientras se encaminaba a la tienda.

Poco después estaba de vuelta en la plaza con muchos litros de leche. 6

Detente a pensar

6 ¿Cómo demuestra Genaro su generosidad?

Genaro muestra su generosidad ______________________________

____

____

Más y más aldeanos llegaron hasta la plaza. Cada uno quería cooperar con algo para la comida. Al final había tantos platillos que la comida se convirtió en un banquete. Al estar todos juntos, los aldeanos comenzaron a divertirse.

Entonces Federico les dijo:

—Ideé un plan para que estuviéramos juntos y nos habláramos otra vez. Como ven, mi plan funcionó. ¡Ahora podemos divertirnos como en los viejos tiempos!

Todos los aldeanos aplaudieron y lanzaron vítores a Federico. Todos estuvieron de acuerdo en que su plan había sido grandioso. **7**

Detente a pensar

7 ¿Cómo puedes afirmar que el plan de Federico solucionó el problema que planteaba este cuento?

Sé que el plan de Federico sí solucionó el problema porque ______________

____

Pensamiento crítico

1. Los aldeanos se divirtieron en el banquete. ¿Cómo puedes demostrarlo? Dibuja el siguiente cuadro en un cuaderno y complétalo. **IDEA PRINCIPAL Y DETALLES**

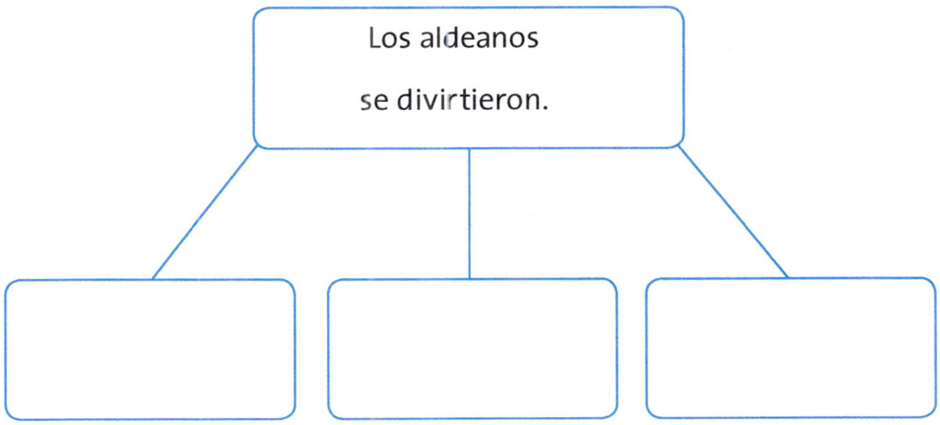

2. ¿Crees que fue importante lo que Federico hizo? Desarrolla tu respuesta. **EMITIR JUICIOS**

Yo pienso que ______________________________

____

3. ¿Cómo se sirve la autora de este cuento para enseñarte una lección? **PROPÓSITO DEL AUTOR**

Por medio de este cuento, la autora pretende enseñarme que

____

____

____

aclarar

confieso

experto

intruso

laboratorio

sospecho

Vocabulario

Desarrollar un vocabulario rico

Escribe la palabra del vocabulario que complete cada oración. La primera ya ha sido completada como ejemplo.

1. El trabajo de Justino y Clarita consiste en ____**aclarar**____ misterios. Ambos

confesar **aclarar** **sospechar**

encontrarán la verdad.

2. Justino es un ____________ en seguir

experto **curioso** **intruso**

pistas. ¡Y Clarita no se queda atrás!

3. Justino y Clarita no tenían ningún caso por resolver hasta que entró un ____________ en su

tutor **intruso** **experto**

laboratorio. ¡Era Gato!

4. Gato no cree que Blanquita Blanquillo se haya caído sola. Gato dice: —Yo ______________________

sospecho **confieso** **aclaro**

que alguien la empujó.

5. —Entre más pistas encontremos, más claro tendremos este caso —deciden Justino y Clarita en su ______________________ .

banquete **demostración** **laboratorio**

6. Al oír la explicación de Clarita, Gato dice: —Bueno, ______________________ que no había

sospecho **confieso** **aclaro**

pensado en esa posibilidad.

Escribe las respuestas de las siguientes preguntas. Responde con oraciones completas.

7. ¿Qué caso investigan Justino y Clarita al lado de Gato?

____

____

8. ¿Dónde crees que está su laboratorio?

____

____

Blanquita Blanquillo

por Guadalupe V. Lopez

ilustrado por David Clar

Personajes

Narrador, Justino, Clarita, Gato, Señor Panqué

Narrador: Son las diez de la mañana en punto.

Justino: Yo soy Justino y ella es Clarita, mi socia. Ambos nos dedicamos a aclarar casos misteriosos. Nuestro objetivo es averiguar siempre la verdad.

Clarita: Así es. Justino es un experto en seguir pistas y, modestia aparte, ¡yo no me quedo atrás!

Narrador: De pronto, se escucha un ruido bajo la mesa.

Justino: Parece que ha entrado un intruso. ¡En guardia!

Gato: ¡Tranquilos! ¡Soy yo!

Clarita: ¡Gato! ¿Por dónde entraste? ¿Te pasa algo? 1

Detente a pensar

1 ¿Cómo se siente Gato? ¿Cómo puedes saberlo?

Pienso que Gato se siente ______________________________

____

____

Gato: Mi amiga, el huevito Blanquita Blanquillo, estaba sentada arriba de una barda. ¡En un abrir y cerrar de ojos ya estaba en el piso!

Justino: ¿Eso es todo?

Clarita: ¿Cómo quieres que te ayudemos?

Gato: ¡Yo sospecho que alguien la empujó!

Narrador: Justino y Clarita se quedan boquiabiertos.

Gato: ¿Pueden averiguar qué es lo que realmente pasó? **2**

Detente a pensar

2 ¿Cuál palabra del vocabulario, de las que ya estudiamos, significa lo mismo que la expresión "quedarse boquiabierto"?

La palabra del vocabulario que significa lo mismo que "quedarse boquiabierto" es ______________________________________

____

Justino: ¡Claro que podemos averiguarlo! Pero, ¿qué te hace pensar que tu amiga no se cayó sola?

Gato: Porque no pudo haberse caído así nada más porque sí, ¿o sí?

Justino: Será mejor que vayamos a investigar.

Clarita: Debemos encontrar alguna pista. Entre más pistas encontremos, más claro tendremos este caso.

Justino: Manos a la obra. Llevemos nuestro maletín. También algunas bolsas. Podríamos necesitar traer algunas muestras para examinarlas aquí en el laboratorio.

Gato: Tengo que avisarles a mis amigos. ¡Tienen que saber lo que le pasó a Blanquita Blanquillo! 3

Detente a pensar

3 ¿Por qué Justino le dice a Clarita que tienen que llevar su maletín?

Justino le dice a Clarita que tienen que llevar su maletín porque ___________

____

____

Justino: ¡Ahí está Blanquita Blanquillo! De veras parece que se cayó.

Clarita: Veo una grieta en su cascarón. Afortunadamente es muy pequeña. Y ella toda está entera, que es lo mejor. Pero, ¿cómo pudo haber sucedido esto? 4

Detente a pensar

4 ¿Qué sabes del estado de Blanquita Blanquillo después de su caída?

Sé que Blanquita Blanquillo ______________________________

____

____

Justino: Mmm... Quizás un pez saltó con mucha fuerza. Entonces, el salpicón cayó sobre Blanquita Blanquillo y la empujó fuera de la barda.

Clarita: Quizás, pero esta barda es muy alta. Un salpicón difícilmente podría llegar hasta arriba.

Justino: Entonces, ¿qué crees *tú* que pasó? 5

Detente a pensar

5 ¿Qué crees que pasará a continuación?

Pienso que a continuación ______________________________

____

____

Clarita: Pienso que un vendaval fue el que la empujó.

Gato: Bueno, confieso que no había pensado en esa posibilidad. Y, ¿ahora qué? Blanquita Blanquillo necesita nuestra ayuda.

Narrador: Un hombre se acerca a ellos.

Señor Bizcocho: Creo que puedo ayudarlos. Soy el Señor Bizcocho. Mi dulcería está por allá. Este trozo de tela sujetará bien a su amiga. ¿Qué tal? 6

Detente a pensar

6 Si un vendaval empujó a Blanquita Blanquillo, ¿ese viento era fuerte o ligero?

Un vendaval es ____

____

____

Gato: Así su cascarón estará protegido. Pero ella necesita también un lugar seguro para vivir.

Narrador: Al Señor Bizcocho se le ocurre una idea.

Señor Bizcocho: Blanquita Blanquillo puede quedarse en algún estante de mi dulcería. ¡Creo que allí lucirá de maravilla!

Gato: Sí, creo que se ve muy bien a pesar de la caída. Es la verdad. No tienes por qué sonrojarte, amiga.

Señor Bizcocho: ¡Se me ocurre algo mejor! Haré un bizcochito y lo nombraré "Antojito Blanquita Blanquillo".

Clarita: ¡Qué rico! ¡Yo quiero uno!

Justino: ¡Mejor que sean dos!

Narrador: Una vez aclarado este caso, ¡todos quedaron felices y satisfechos! 7

Detente a pensar

7 El Señor Bizcocho dice que Blanquita Blanquillo "luce de maravilla". ¿Esto es un hecho o una opinión? ¿Por qué?

Esto es ______________________________

____

____

Pensamiento crítico

1. ¿Qué problema tiene Gato en el cuento? ¿Cómo se soluciona el problema? **TRAMA**

   El problema de Gato es ______________________________

   ____

2. ¿De qué manera cambiará la vida de Blanquita Blanquillo en la dulcería? ¿De qué manera será igual? **COMPARAR Y CONTRASTAR**

   La vida de Blanquita Blanquillo cambiará en la dulcería porque

   ____

   ____

   La vida de Blanquita Blanquillo será igual en la dulcería porque

   ____

   ____

3. ¿La autora escribió este cuento para proporcionar información sobre los huevos o para contar un cuento sobre un huevo especial? **PROPÓSITO DEL AUTOR**

   Pienso que la autora escribió este cuento para ______________

   ____

   ____

alentó

balbuceó

breve

calmaba

elogió

humillada

Vocabulario

Desarrollar un vocabulario rico

Escribe la palabra del vocabulario que complete cada oración. La primera ya ha sido completada como ejemplo.

Abel hizo una reverencia de cara al público. Fue un saludo muy **(1)** ___breve___, pues el partido tenía que continuar. Acababa de volarse la barda. —¡Lo hiciste muy bien, Abel! —su papá lo **(2)** ______________.

Papá le sonrió a Saúl. —Alístate, hijo. Sigue tu turno —Saúl no se atrevió a mirarlo a los ojos. —Es que... —Saúl **(3)** ______________ sin poder completar la frase.

—¡Vamos, Saúl! ¡Tú puedes hacerlo!
—Papá **(4)** ____________________ a su hijo.
Pero Saúl se negaba a batear.

El público comenzó a abuchear a Saúl. Su mamá se sintió **(5)** ____________________. Saúl comenzó a temblar. Su mamá lo abrazó para ver si así lo **(6)** ____________________.

Escribe las respuestas de las siguientes preguntas. Responde con oraciones completas.

7. ¿Con qué fin alentarías a alguien?

____

____

8. ¿Qué es lo que haces si estás balbuceando?

____

____

Orgullosos de ti

por Susan McCloskey
ilustrado por David Opie

El bate tronó con un hermoso ruido. Abel puso en órbita la pelota.

—¡Ya pasó las gradas! —gritó su papá.

El público rugía. Todos los fanáticos brincaban en las gradas. ¡Se voló la barda! Los Exploradores anotaron cuatro carreras gracias al hit de Abel.

—¡Eso sí que es saber batear! —exclamó su mamá.

Abel regresó a la banca. Hizo una breve reverencia para saludar al público. El partido tenía que continuar. Papá, Mamá y Saúl, su hermano, corrieron a abrazarlo.

—¡Lo hiciste muy bien, Abel! —su papá lo elogió—. ¡Estamos muy orgullosos de ti! 1

Detente a pensar

1 ¿Qué significa la expresión "volarse la barda"? ¿Cómo lo sabes?

La expresión "volarse la barda" significa ______________________________

____

____

—Ahora el marcador está empatado cuatro a cuatro —dijo Mamá.

—Así es —dijo Papá—. Ésta es la última entrada. Todavía no ha caído ningún out. Y, si nuestro equipo anota una sola carrera más, ¡ganamos!

—¡Qué horror! —se lamentó Saúl.

Mamá lo atrajo con su brazo.

—¿Por qué lo dices? —le preguntó.

Saúl bajó la cabeza. Después miró a su mamá. Pero no se atrevió a decirle lo que pensaba. 2

Detente a pensar

2 ¿Qué crees que Saúl está pensando?

Creo que Saúl está pensando ______________________________

____

____

Justo en ese momento, el público lanzó un abucheo al unísono. Tomás fue golpeado por un lanzamiento fallido. ¡Base por golpe! El réferi mandó a Tomás a la primera base.

Ahora, el público comenzó a gritar:

—¡Una carrera más! ¡Una carrera más!

José se alistó al bate. Erró el primer lanzamiento. Le dio a la siguiente bola. La mandó alto, alto, alto. Después, cayó justo en la manopla del Jardín Derecho.

—¡Primer out! —cantó el réferi.

Era el turno de Jaime. El primer lanzamiento fue espléndido. Pero, Jaime lo dejó pasar.

—¡Una carrera más! —el público rugió.

Jaime se decidió a darle a la siguiente bola. La bateó con todas sus fuerzas. La pelota cruzó la línea del diamante. ¡Bola fuera! Llegó el siguiente lanzamiento. Jaime mandó la bola directo al guante del Primera Base.

—¡Segundo out! —cantó el réferi. 3

Detente a pensar

3 ¿Quién hizo caer el primer out? ¿Cómo fue?

El primer out lo hizo ______________________________

____

____

Papá le sonrió a Saúl.

—Alístate, hijo. Sigue tu turno —le dijo.

Saúl estaba temblando.

—Es que... —balbuceó sin poder completar la frase. Tenía un nudo en la garganta.

—¡Vamos, Saúl! ¡Tú puedes hacerlo! —Papá lo alentó.

Saúl se levantó de la banca y corrió lejos de sus papás. Papá lo miró extrañado. Le preguntó a su esposa:

—¿Qué le pasa?

—Déjame averiguarlo —respondió ella mientras se ponía de pie. 4

Detente a pensar

4 ¿Qué crees que Saúl está sintiendo en este momento? ¿Por qué?

Creo que Saúl siente ______________________________

____

____

Mamá fue a buscar a su hijo. Lo encontró escondido detrás de las gradas. Estaba sentado en una banca. Aún temblaba. A sus espaldas, el público comenzó a abuchearlo porque no se decidía a batear. Mamá se sintió humillada. Respiró hondo para recuperar la tranquilidad.

Se sentó al lado de su hijo. Le acarició la espalda para ver si así lo calmaba. Al ver que Saúl no huía más de ella, le preguntó:

—¿Por qué estás tan triste, hijo? 5

Detente a pensar

5 ¿Por qué el público comenzó a abuchear a Saúl?

El público comenzó a abuchear a Saúl porque ______________________

____

____

—Mamá —dijo al fin Saúl—, tú y Papá están muy orgullosos de Abel. También quisiera que se sintieran orgullosos de mí. Pero yo no puedo batear tan bien como mi hermano. ¡Papá espera que yo haga ganar a nuestro equipo! ¿Qué tal si fallo?

—Papá sólo estaba tratando de motivarte —le respondió Mamá—. Sólo te pide que des lo mejor de ti. Sobre todo, ¡quiere que te diviertas! Eso es lo que cuenta. ¡Qué importa que no batees tan bien como Abel! Él no es tan buen ajedrecista como tú. Aun así, él se divierte mucho jugando ajedrez. Igual que a ti te divierte jugar béisbol.

Saúl había dejado de temblar.

—Entonces, ¿no se decepcionarían de mí si no logró sacar a Tomás de la primera base?

—¡Claro que no! —exclamó su mamá—. ¡Siempre estaremos orgullosos de ti! 6

Detente a pensar

6 ¿Cuál es el problema que plantea este cuento?

El problema en el cuento es ______________________________

____

____

—¡Vamos, pues! —dijo Saúl poniéndose de pie—. ¡Allá hay una pelota que está esperando que la bateé hasta la luna!

Se sentía orgulloso de sí mismo con sólo atreverse a intentarlo. Tomó con decisión el bate. A su alrededor, los abucheos cesaron y, en su lugar, el público volvió a gritar:

—¡Una carrera más! ¡Una carrera más!

Saúl volteó a ver a sus papás.

—¡Así se hace! —gritó Papá mientras le aplaudía.

Saúl le sonrió. Mamá tenía razón: cualquiera que fuera el resultado, era muy divertido jugar béisbol. Y, quién sabe, quizás hasta podría dar un hit y anotar la carrera de la victoria. 7

Detente a pensar

7 ¿Cómo crees que Saúl se siente ahora? ¿Por qué?

Pienso que ahora Saúl se siente ______________________________

____

____

Pensamiento crítico

1. ¿Qué piensa Saúl que pasará si no batea un hit? **CAUSA Y EFECTO**

   Saúl piensa que ____

   ____

2. ¿Qué pasó en el transcurso del cuento? ¿Cómo se solucionó el problema? Dibuja el siguiente cuadro en un cuaderno y complétalo. **TRAMA**

Sucesos importantes

↓

Solución

3. ¿Qué lección crees que la autora quiso enseñarte a través de este cuento? **PROPÓSITO DEL AUTOR**

   Pienso que la autora quiso enseñarme que ______________________

   ____

   ____

agitaba

aullido

evadiendo

molestan

repararlo

traduzca

Vocabulario

Desarrollar un vocabulario rico

Lee el cuento y piensa en el significado de las palabras resaltadas con letras más oscuras.

Las cartas de Max estaban escritas en inglés.

—¿Quieres que te la **traduzca**? —se ofrecía Rebeca a ayudar a su hermana, Josefina, cada vez que recibía una carta de Max.

Josefina había planeado que Max la visitara ese verano. Pero una mañana llegó una carta en la que, al parecer, Max estaba **evadiendo** su invitación. Ahí pretextaba que una tormenta había azotado el lugar donde vivía: "La lluvia **agitaba** todas las casas en aquellos días", escribió Max. "El viento era un **aullido** que se colaba por puertas y ventanas. El río se salió de su cauce. Las piedras que arrastraba destruyeron las cosechas. Un trueno descompuso el sistema eléctrico del pueblo y los ingenieros intentan **repararlo** desde entonces. Si a ti te **molestan** estas noticias, imagínate cómo me siento yo..."

Josefina se preguntó qué podía hacer. De verdad deseaba que Max la visitara. Fue así como ideó un plan para cumplirse su deseo.

Escribe la palabra del vocabulario que complete cada oración. La primera ya ha sido completada como ejemplo.

1. "¿Quieres que te la **(1)** ___**traduzca**___?", le preguntaba Rebeca a su hermana, Josefina, cuando recibía una carta de Max.

2. Al parecer, en una carta Max estaba **(2)** ______________ la invitación que Josefina le había hecho para que la visitara ese verano.

3. Max pretextaba que en aquellos días la lluvia **(2)** ______________ las casas.

4. El viento era como un ______________ que se colaba por puertas y ventanas.

5. Un trueno descompuso el sistema eléctrico y los ingenieros intentaban ______________ desde entonces.

6. "Si a ti te ______________ estas noticias, imagínate cómo me siento yo...", escribía Max al final.

Su amigo Max

por Anna McCart

ilustrado por Judy Stead

Josefina y Max eran amigos por correspondencia. Las cartas de Max estaban escritas en inglés. Josefina no dominaba ese idioma, pero su hermana mayor, Rebeca, sí.

—¿Quieres que te la traduzca? —se ofrecía Rebeca a ayudar a su hermana cada vez que recibía una carta de Max.

Las cartas de Max eran muy interesantes. En ellas hablaba de las labores que realizaba en una granja. Ésta estaba a orillas de un río. Max nadaba ahí. Él le había enviado una foto suya junto al río. 1

Detente a pensar

1 ¿Cómo sabes que Josefina y Max viven muy lejos entre sí?

Sé que Josefina y Max viven muy lejos entre sí porque ______________________

____

____

Josefina les preguntó a sus papás si Max podría visitarla el siguiente verano.

—¡Sí! —respondieron ambos al unísono.

Los papás de Max también aceptaron. Sin embargo, la carta en la que le comunicaba esto a Josefina, Max la había enviado desde febrero. Ya era verano y aún no había noticias suyas. Josefina estaba muy afligida. ¿Qué había pasado? 2

Detente a pensar

2 ¿Cómo crees que Josefina se sintió cuando sus papás aceptaron que Max la visitara?

Pienso que Josefina se sintió ______________________________

____

____

Una mañana de julio, Rebeca despertó a Josefina:

—¡Mira, una carta de Max!

Esa carta explicaba lo que había pasado. En un principio, Josefina supuso que Max estaba evadiendo su invitación. Pero, a medida que Rebeca traducía las palabras de Max, se convenció de que se trataba de un asunto muy serio: "Después de mi última carta, nuestro pueblo fue azotado por una tormenta", explicaba Max. "Al principio, fue sólo un chubasco. Después, las nubes se tornaron más oscuras. Comenzó a llover como nunca había llovido antes. La lluvia agitaba todas las casas en aquellos días. Parecía el diluvio de Noé". 3

Detente a pensar

3 ¿Por qué Max utiliza la metáfora de Noé?

Max utiliza la metáfora de Noé porque ______________________________

____

____

"El viento era un aullido que se colaba por puertas y ventanas. El río se salió de su cauce. Las piedras que arrastraba destruyeron las cosechas. Un trueno descompuso el sistema eléctrico del pueblo y los ingenieros intentan repararlo desde entonces. Por eso no puedo visitarte. Si a ti te molestan estas noticias, imagínate cómo me siento yo. ¡Aparte de no poder ir a verte, tengo que soportar este desastre!", se lamentaba Max en su carta. 4

Detente a pensar

4 ¿Por qué Max no puede visitar a Josefina?

Max no puede visitar a Josefina porque ______________________________

____

____

Josefina se preguntó qué podía hacer. Entonces, recordó la fotografía que Max le había enviado.

Primero, lo recortó sólo a él. Con mucho cuidado, dejó fuera el resto de la foto. Cuando terminó, corrió a mostrarle a su papá el recorte que había hecho de Max.

—Pero necesito que sea mucho más grande —le explicó.

—No te preocupes —le dijo su papá—. La llevaré ahora mismo al almacén.

Su papá trajo de vuelta la fotografía de Max, pero ¡del mismo tamaño que Josefina!

—¡Perfecto! —exclamó Josefina—. Ahora llevaré a Max a dar una vuelta por la ciudad. 5

Detente a pensar

5 ¿Qué crees que Josefina hará a continuación?

Pienso que a continuación Josefina ______________________________

____

____

Max y Josefina se divirtieron mucho en el parque. Ella jugaba a la pelota mientras Max la observaba. Josefina le pidió a Rebeca que les tomara una foto a los dos.

Después fueron a la feria. Comieron algodones de azúcar y hamburguesas. También allí se tomaron unas fotos.

Cuando ya anochecía, regresaron al departamento de Josefina. Allí, Rebeca les tomó otra foto a Josefina y Max. Ambos se veían felices. 6

Detente a pensar

6 ¿Cuál es el problema que plantea el cuento?

El problema en el cuento es ______________________________

____

____

Josefina le envió las fotos a Max. Él le respondió con una carta. En ella, le decía:

"Gracias por invitarme a tu casa. Me la pasé muy bien durante mi visita. Lo mejor de todo fue la feria.

"Lo que más me molesta de viajar es hacer la maleta. ¡Qué bueno que no tuve que hacerlo en este viaje! Mejor aún, ¡qué bueno que llevaba puesta mi playera preferida!

"Mándame una foto donde aparezcas tú sola. Aquí también podemos divertirnos mucho. El próximo verano tendremos otra visita, pero ésa sí será en persona. ¡Te lo prometo!"

Rebeca le tomó a Josefina la foto que pedía Max. Josefina mostraba una gran sonrisa ahí. También llevaba puesta su mejor playera. ¡Era su turno de visitar a Max! 7

Detente a pensar

7 Si tú fueras Max, ¿cómo te sentirías al recibir las fotos de Josefina?

Si yo fuera Max, me sentiría ______________________________

____

____

Pensamiento crítico

1. ¿Por qué Josefina está preocupada al inicio del cuento?
   CAUSA Y EFECTO

   Al inicio del cuento, Josefina está preocupada porque: ________
   ____

2. ¿Qué más sucedió en el cuento? ¿Cómo se solucionó el problema? Dibuja el siguiente cuadro en un cuaderno y complétalo. **TRAMA**

Sucesos importantes

↓

Solución

3. ¿En qué se parecen Josefina y Max? ¿En qué se diferencian?
   COMPARAR Y CONTRASTAR

   Josefina y Max se parecen en que ______________________
   ____

   Josefina y Max se diferencian en que ___________________
   ____

absorben

columnas

disuelven

partículas

protege

susurra

Vocabulario

Desarrollar un vocabulario rico

Escribe la palabra del vocabulario que complete cada oración. La primera ya ha sido completada como ejemplo.

Querida Alicia:

Me estoy divirtiendo mucho con Laura. Su casa está cerca de un bosque muy grande. Los troncos de los árboles parecen enormes **(1)** ___**columnas**___ cafés. Son muy altos y gruesos. Los troncos están cubiertos de corteza para evitar que se dañen. Es decir, la corteza **(2)** ______________ al tronco.

El viento sopla entre las ramas. Parece que te **(3)** ______________ los secretos del bosque. Me encantaría que estuvieras aquí conmigo.

Tu hermana,

Lidia

Querida Alicia:

Le he estado ayudando a Laura en el jardín. Ahora sé mucho sobre plantas. Para empezar, las plantas deben tener tierra, luz y agua.

Una parte de la planta está debajo de la tierra. Esta parte también puede estar en el agua. Ahí se localizan las raíces y éstas **(4)** ______________________ el agua que hay en la tierra. También hay pedacitos de diferentes cosas entre la tierra. Esos pedacitos son las **(5)** ______________________ . Éstas se **(6)** ______________________ en el agua. ¿Sabes en dónde acaban? ¡En la planta! La ayudan a crecer fuerte y sana.

Me gusta mucho estar en el jardín. Se respira mucha tranquilidad aquí. Estoy segura de que a ti también te gustaría.

Tu hermana,

Lidia

Las plantas

por Molly Fairbrother

ilustrado por Gregory Harris

¡Plantas! Puedes encontrarlas en todo el mundo. Esta casa tiene muchas plantas. Hay plantas en las macetas. Hay plantas en el jardín. También hay plantas en el terreno que tiene la casa en la parte de atrás. Sobre todo, hay muchas más plantas en el bosque que rodea la casa. (1)

Detente a pensar

(1) ¿Qué características tienen las plantas que pueden crecer en una casa? Apóyate en la ilustración para responder.

Las plantas que pueden crecer en una casa son ______________________________

____

____

Una de esas plantas tiene flores rojas. Son rosas. Las rosas pueden ser de distintos colores. Las hay rojas, rosas, blancas y hasta amarillas. Las rosas suelen tener un aroma delicioso. Cuando veas una rosa, aproxima tu nariz a sus pétalos. ¡Y aspira su deliciosa fragancia!

Pero ten cuidado con esas pequeñas cositas afiladas que crecen en el tallo de la rosa. Son espinas. Las espinas pueden lastimar tu piel. Las espinas protegen a la planta. Gracias a ellas, los animales que comen plantas se mantienen lejos del rosal. (2)

Detente a pensar

(2) ¿Por qué crees que el rosal necesita tener espinas?

Pienso que el rosal necesita tener espinas porque ______________________

____

____

El jardín es un sitio ideal para estar solo. Se respira mucha tranquilidad ahí. Algunas plantas pueden protegerte de los rayos solares. El jardín es un sitio tranquilo y fresco para descansar.

El jardín también es un buen sitio para estar con los amigos. Compruébalo organizando una comida en tu jardín. Siéntense sobre el césped. Mientras disfrutan los alimentos, observen las diferentes plantas. Apréndanse el nombre de cada una de ellas. (3)

Detente a pensar

(3) ¿Por qué dice la autora que el jardín es un lugar ideal para pasar el tiempo?

La autora que el jardín es un lugar ideal para pasar el tiempo porque _____

____

____

Las plantas necesitan agua. Tú puedes regarlas con una manguera o con una regadera. Acerca la manguera a las plantas. Evita que el chorro golpee las hojas y las flores. Busca que el agua llegue al tallo y a la tierra que rodea la planta.

El pasto también es una planta. ¡No olvides regarlo! 4

Detente a pensar

4 ¿Qué crees que aprenderás a continuación?

Pienso que a continuación aprenderé ______________________________

____

____

¿Cómo usan las plantas el agua? Algunas partes de la planta se encuentran debajo de la tierra. Éstas absorben el agua que hay en la tierra. Ahí también hay partículas que se disuelven en el agua. Cuando las raíces absorben el agua, esas partículas llegan a la planta. Son muy buenas para la planta porque la ayudan a crecer fuerte y sana. (5)

Detente a pensar

(5) Explica cómo usa la planta el agua.

La planta usa el agua ____

____

____

Éstas son las plantas más grandes de todas. Son los árboles. A su tallo se le llama *tronco*. El tronco está cubierto por la corteza. Ésta protege al tronco. La corteza también es útil para los animales. Algunos insectos viven debajo de ella. Otros la usan para trepar a los hoyos o nidos que tienen en la parte alta del árbol.

Los troncos pueden llegar a ser muy altos y gruesos. Busca un sendero en medio del bosque. ¡Recórrelo! Los troncos pueden parecer enormes columnas cafés. Durante tu recorrido, siente cómo el viento susurra entre las ramas, meciendo suavemente las hojas. 6

Detente a pensar

6 ¿Por qué el árbol necesita a la corteza?

El árbol necesita a la corteza porque ______________________________

____

____

Es muy divertido ver crecer una planta. Primero, localiza en el jardín un lugar que esté soleado. Después, haz un hoyo en la tierra. Pon una planta pequeña dentro del hoyo. La raíz debe quedar abajo y el tallo arriba. Llena el hoyo con tierra y riégalo.

Mientras crece la planta, puedes mirarla y desearle lo mejor. Anota los cambios que vayas observando. La planta crecerá frente a tus propios ojos. ¡Pero no olvides darle agua! 7

Detente a pensar

7 ¿Por qué crees que la autora te explica cómo plantar una planta?

Pienso que la autora explica cómo plantar una planta porque ______________

____

____

Pensamiento crítico

1. ¿Qué has aprendido en la lectura sobre las plantas? Dibuja el siguiente cuadro en un cuaderno y complétalo. **IDEA PRINCIPAL Y DETALLES**

Dónde crecen las plantas	Partes de la planta	Cuidados de la planta

2. Si una planta no crece, ¿qué podría estarle pasando? **CAUSA Y EFECTO**

   Si una planta no crece es porque ______________________________

   ____

3. ¿En qué se parecen los árboles y las rosas? ¿En qué se diferencian? **COMPARAR Y CONTRASTAR**

   Los árboles y las rosas se parecen en que ______________________

   ____

   ____

   Los árboles y las rosas se diferencian en que ___________________

   ____

   ____

alberga

imagina

laberinto

mudado

pincha

pudre

Vocabulario

Desarrollar un vocabulario rico

Lee el cuento y piensa en el significado de las palabras resaltadas con letras más oscuras.

Imagina que estás en el bosque ahora mismo. Podrías ver la gran cantidad de plantas, animales e insectos que el bosque **alberga**. Como el pájaro que se ve en esta ilustración. Es una sita de pecho blanco. Recién se ha **mudado** a este árbol. Observa que pincha un insecto con su pico. El insecto se **pudre** en la corteza y su olor aleja a otros animales. Así, esta pájara mantiene a salvo su nido. ¿Ya lo viste? Está en el agujero del árbol. Incuba tres huevos ahí.

En el bosque también hay hormigas. ¡Miles y miles de ellas! Los túneles que cavan forman un extenso **laberinto** subterráneo.

En el río podrías ver a las nutrias. Se deslizan en el lodo y son estupendas nadadoras. La madre monta a sus crías sobre su lomo para transportarlas. Hay mucho más que ver en el bosque. ¿Te imaginas?

Escribe la palabra del vocabulario que complete cada oración. La primera ya ha sido completada como ejemplo.

1. Un sita de pecho blanco ____**pincha**____ un insecto con su pico.

2. El insecto se ______________ en la corteza y su olor mantiene alejados a otros animales.

3. El sita de pecho blanco recién se ha ______________ a ese árbol.

4. El árbol ______________ al sita de pecho blanco y a los tres huevos que hay en su nido.

5. Las hormigas forman un extenso ______________ con sus túneles.

6. ______________ que estás en el bosque ahora mismo. ¿Qué más podrías ver?

¿Qué hay ahí adentro?

por Susan McCloskey
ilustrado por Leland Klanderman

¿Qué hay ahí adentro?

Junto al río hay un agujero. ¿Qué hay ahí? Dentro del agujero hay una madriguera. Adentro de la madriguera hay cinco nutrias. Una de ellas es la madre. Las otras cuatro son sus crías.

¡Las nutrias son estupendas nadadoras! Su cola funciona como una aleta potente. Con sus patas traseras dirigen su nado. Su piel las ayuda a deslizarse suavemente en el agua. A las nutrias les gusta nadar, zambullirse y, sobre todo, ¡divertirse! (1)

Detente a pensar

(1) ¿Por qué las nutrias hacen un agujero cerca del río?

Las nutrias hacen un agujero cerca del río porque ____________________

____

____

Imagina que estás en ese río, cerca de las nutrias. ¿Qué harías? ¡Sonreír! Porque es muy divertido ver a las nutrias. Las más pequeñitas son muy inquietas y juguetonas. Se montan en el lomo de su madre para ir de un lado a otro.

Las nutrias se deslizan en el lodo. Lanzan cosas al agua para salpicarse unas a otras. También juegan a las escondidillas en el río. Después, nadan tras sus hermanos y hermanas para encontrarlos. ¡Las nutrias saben muchas cosas, pero no aburrirse! 2

Detente a pensar

2 ¿Qué has aprendido hasta ahora acerca de las nutrias?

Hasta ahora, he aprendido que las nutrias ________________________

____

____

¿Qué hay ahí adentro?

Una sita de pecho blanco recién se ha mudado a este árbol. El árbol alberga ahora a su familia. Mira en el agujero. ¿Ves un nido? Hay tres huevos ahí. Muy pronto los pichones que hay adentro romperán el cascarón.

La pájara usará el mismo nido cada año. En la primavera arreglará el nido. Entonces, pondrá nuevos huevos ahí.

La sita de pecho blanco atrapa gusanos e insectos. Si no tiene hambre en ese momento, los guarda en el agujero para darse un banquete después. 3

Detente a pensar

3 ¿Por qué un sita de pecho blanco no se comería un insecto de inmediato?

Un sita de pecho blanco no se comería un insecto de inmediato porque ____

____

____

Algunas veces, el sita de pecho blanco almacena un insecto muerto en una grieta de la corteza. Lo pincha con su pico hasta partirlo. Cuando el insecto se pudre, la pájara frota su nido con él. El olor del cadáver es un repelente muy eficaz. Pareciera decirles a los otros animales: "Este nido ya tiene dueño. ¡No se acerquen!"

Los sitas de pecho blanco vuelan cerca de su árbol. Cuando vayas al bosque, busca un destello blanco entre las ramas. ¡Podría ser uno de esos hermosos pájaros! (4)

Detente a pensar

(4) ¿De cuál animal crees que hablará a continuación la autora? Explica tu respuesta.

Pienso que a continuación la autora hablará de ______________________

____

____

¿Qué hay ahí adentro?

Las hormigas también viven en agujeros. Sus nidos están escondidos bajo la tierra. Las hormigas cavan túneles para evitar ser devorados por pájaros y otros predadores. Así forman un laberinto subterráneo que se extiende por todo el bosque.

No todas las hormigas son iguales. Las hay de diferentes tamaños y colores. Sus nidos tampoco son iguales. Pero todas las hormigas sí tienen algo en común: trabajan muy duro. También son muy listas. Se dividen el trabajo. Cada grupo de hormigas realiza un trabajo específico. 5

Detente a pensar

5 ¿Cómo crees que las hormigas cavan sus túneles?

Pienso que las hormigas cavan sus túneles ______________________

____

____

Algunas hormigas sólo trabajan bajo tierra. Otras pasan la mayor parte del tiempo en la superficie. Éstas avanzan en largas filas. Siempre están en busca de alimentos para almacenar de vuelta en su nido.

Las hormigas son muy buenas cazadoras. Están dotadas con tenazas muy afiladas. Por eso su picadura es muy dolorosa. **6**

Detente a pensar

6 ¿En qué pueden diferenciarse unas hormigas de otras?

Las hormigas pueden ser distintas en ______________________________

____

____

Está muy oscuro adentro del nido de las hormigas. Pero ellas no necesitan luz para saber qué hacer. Su olfato las ayuda a orientarse y a sobrevivir. Un olor les dice dónde deben depositar los huevos. Otro olor les indica la salida. También así saben si una hormiga ha muerto dentro del nido. En tal caso, se apresuran a llevar sus restos a la superficie.

Mira a tu alrededor. Tratar de localizar un agujero. ¿Qué hay ahí adentro? 7

Detente a pensar

7 ¿Qué otros animales viven dentro de agujeros? Observa la ilustración para apoyar tu respuesta.

Otros animales que viven dentro de agujeros son ______________________

____

____

Maestros: Leer en voz alta

Pensamiento crítico

1. ¿Qué has aprendido acerca de los animales que viven en agujeros? Dibuja el siguiente cuadro en un cuaderno y complétalo. **IDEA PRINCIPAL Y DETALLES**

Nutria	Sita	Hormiga

2. ¿En qué se parecen los animales de esta lectura? ¿En qué se diferencian? **COMPARAR Y CONTRASTAR**

Éstas son algunas cosas en que se parecen: ____________________

____

____

Éstas son algunas cosas en que se diferencian: ____________________

____

____

3. ¿Qué crees que a la autora le interesa que aprendas en esta lectura? **PROPÓSITO DEL AUTOR**

Pienso que a la autora le interesa que yo aprenda ____________________

____

____

consejos

consultamos

edición

recomienden

sabio

trazarte

Vocabulario

Desarrollar un vocabulario rico

Escribe la palabra del vocabulario que complete cada oración. La primera ya ha sido completada como ejemplo.

1. "Amigos, si les gusta el Noticiero Escolar, ¡por favor, **recomienden** nuestro programa!".

recomienden **traduzcan** **consulten**

2. "Nuestros expertos les darán ____________________

ediciones **consejos** **laberintos**

muy útiles en los temas que a ustedes les interesan".

3. "En cada programa, ____________________ a

trazamos **recomendamos** **consultamos**

varios alumnos y maestros".

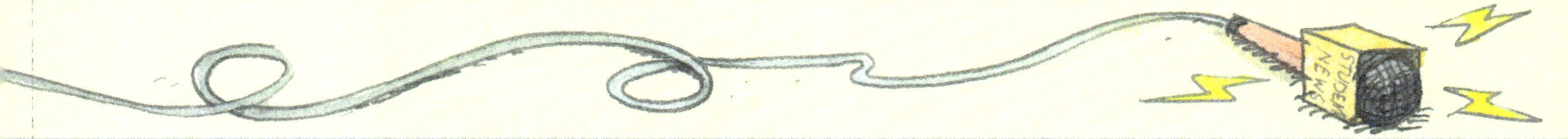

4. “Recuerda que lo importante es

_________________ un plan para hacer la tarea”.

recomendar traducir trazarte

5. “Toda esta información aparecerá en la próxima

____________________ de nuestra revista escolar”.

sabio edición consejo

6. “Un hábito muy ____________________ es comer

sabio aturdido curioso

frutas y verduras todos los días”.

Escribe las respuestas de las siguientes preguntas. Responde con oraciones completas.

7. ¿A quién consultarías si necesitaras escuchar un consejo?

____

8. ¿Sobre cuál asunto de tu vida escolar te gustaría saber más?

____

¿SABÍAS QUE...?

por Ernest Kaye • ilustrado por Brian Floca

PERSONAJES
Sofía (conductora)
Mario (conductor)
Daniel (reportero de salud)
Bruno (reportero de ciencias)
Mariela (reportera de literatura)
Gustavo (reportero)
Coro

Sofía: Buenos días, yo soy Sofía.

Mario: Y mi nombre es Mario. Esta mañana les tenemos preparada información nueva y oportuna.

Sofía: Nuestros expertos les darán consejos muy útiles en los temas que a ustedes les interesan. 1

Detente a pensar

1 ¿Con qué piensan los conductores apoyar a sus compañeros de clases?

Los conductores piensan apoyar a sus compañeros de clases con ____________

____

____

Mario: Les pedimos a nuestros reporteros que recorran la escuela para así poder platicar con ustedes.

Sofía: Compartan con ellos y con todos nosotros sus dudas e inquietudes sobre nuestra escuela.

Mario: Hoy, al igual que en otros programas, consultamos a varios alumnos y maestros. Sus respuestas pueden ayudarnos a ayudarlos...

Sofía: ... a saber todo lo que quieren saber ¡para vivir y estudiar mejor! 2

Detente a pensar

2 ¿Qué duda o inquietud tienes acerca de tu escuela?

Me gustaría saber más sobre ______________________________

____

____

Mario: Vayamos ahora con nuestro reportero de la salud, Daniel.

Daniel: Aquí estamos con un compañero de tercer grado. A él le gustaría saber si es bueno para su salud caminar de un salón a otro.

Coro: ¡No! ¡Sí! ¡Quizás!

Daniel: Caminar siempre es bueno para nuestra salud. Pero no es suficiente caminar sólo de un salón a otro. Éstas son distancias muy cortas. Por eso en la escuela nos dan tiempo para salir al patio. Allí podemos correr, saltar, caminar y jugar.

Coro: ¿Y eso cómo nos beneficia?

Daniel: Nos ayuda a mantenernos en forma. Nos ayuda a tener nuestros sentidos alerta. Gracias al ejercicio físico, ¡hasta podemos obtener mejores calificaciones! 3

Detente a pensar

3 ¿Qué otro beneficio puedes obtener si caminas, corres y te mantienes en forma?

Si camino, corro y me mantengo en forma, además puedo ________________

____

____

Mario: Excelente idea, Daniel. Como ven, hay muchas actividades que pueden ayudarnos a mantenernos en forma.

Sofía: Ahora vayamos con Bruno, nuestro reportero de Ciencias.

Bruno: Gracias, Sofía. Aquí nos han formulado una pregunta muy interesante. Algunos compañeros desean saber por qué es importante beber agua.

Coro: ¡Porque te quita la sed!

Bruno: En parte. Lo cierto es que el setenta por ciento de nuestro organismo ¡es agua! Por eso, el agua nos ayuda a mantenernos con vida. El agua también nos ayuda a limpiar nuestro cuerpo cuando nos bañamos. 4

Detente a pensar

4 ¿Por qué el agua te ayuda a mantenerte con vida?

El agua me ayuda a mantenerme con vida porque ________________________

____

____

Sofía: ¡Me ha asombrado mucho saber que estamos hechos principalmente de agua! Gracias, Bruno.

Mario: Recuerden que la información que aquí les proporcionamos aparecerá publicada en la próxima edición de nuestra revista escolar.

Sofía: Vayamos ahora con nuestra reportera de literatura, Mariela.

Mariela: Bueno, ahora no estamos en la biblioteca sino en el gimnasio. Es que nuestros compañeros aquí quieren saber cuál es el mejor lugar para hacer la tarea.

Coro: ¿En la casa? ¿En el autobús?

Mariela: ¡Así es! La tarea también podemos hacerla al salir de la escuela. Muchos de ustedes la hacen antes de acostarse. En tal caso, es posible que terminen demasiado tarde. Lo importante es trazarte un plan para hacer la tarea antes de que estés muy cansado. **5**

Detente a pensar

5 ¿Qué pasará si haces la tarea cuando estás muy cansado?

Si hago la tarea cuando estoy muy cansado, es posible que ____________________

____

____

Mario: ¡Qué buen plan, Mariela!

Sofía: Y ahora veamos qué nos tiene preparado nuestro reportero Gustavo.

Gustavo: Nuestros compañeros aquí quieren saber qué es lo mejor que pueden comer "a la hora del antojo".

Coro: ¡PAPAS FRITAS! ¡BEBIDAS ENVASADAS! ¡PASTEL!

Gustavo: Esos alimentos tienen mucha sal, azúcar y grasa. Hay mejores cosas que pueden comer después de clases. Por ejemplo, manzanas, zanahorias, palomitas de maíz y leche. 6

Detente a pensar

6 ¿Cuáles antojitos sanos acostumbras comer después de clases?

Después de clases, los antojitos sanos que acostumbro comer son ____________

____

____

Sofía: Así es, Gustavo. Un hábito muy sabio es comer frutas y verduras todos los días.

Mario: Así ha llegado el momento de despedirnos.

Sofía: Recuerden, amigos: si les gusta el Noticiero Escolar, ¡por favor, recomienden nuestro programa!

Mario: Así estaremos mejor informados todos.

Sofía: Es hora de volver a clases. Y, por favor, ¡no lleguen tarde! 7

Detente a pensar

7 ¿Qué crees que el autor quiere enseñarte con esta obra de teatro?

Creo que el autor quiere enseñarme ______________________________

____

____

Maestros: Leer en voz alta

Pensamiento crítico

1. ¿Por qué crees que el autor usa preguntas y opiniones de los estudiantes para explicar los temas? **PROPÓSITO DEL AUTOR**

Pienso que el autor lo hace así para ______________________________

____

____

2. ¿Cuáles son los temas abordados en este reporte y cómo pueden ayudarte? **TRAMA**

Los temas abordados son ______________________________

____

____

____

3. ¿Te gustaría tener un noticiero como éste en tu escuela? Explica tu respuesta. **RESPUESTA PERSONAL**

____

____

____

abrazó

astuto

disfrazado

encantado

quebradizos

tierno

Vocabulario

Desarrollar un vocabulario rico

Escribe la palabra del vocabulario que complete cada oración del diario. La primera ya ha sido completada como ejemplo.

Lunes 24 de septiembre

Esta mañana, mi mamá se fue de compras al pueblo. Me dijo que no tenía que acompañarla. Me sentí feliz porque quería quedarme en casa. Antes de salir, mi mamá me **(1)** ___**abrazó**___ y me recordó que no debía ir al bosque.

El lobo malvado vive ahí. Es un lobo muy **(2)** ______________. Es capaz de hacer cualquier cosa para conseguir lo que quiere. Pero yo también soy muy lista. ¡Estoy segura de que él quedaría **(3)** ______________ de conocerme!

Salí al jardín a buscar alguna fruta. Quería saborear un durazno **(4)** ______________________ . ¡Son deliciosos! Pero no había ninguno. Le pregunté a mi papá qué había pasado. Él me respondió que la última tormenta había arruinado los árboles. Los tallos de nuestras plantas se veían **(5)** ______________________ y muchas ramas estaban en el suelo.

Estoy aburrida. Pero no se lo dije a papá. Sólo le sonreí. Si se lo hubiera dicho, me habría asignado algún quehacer. ¡No, gracias! Una vez que también estaba aburrida, había **(6)** ______________________ a mi hámster de princesa. ¡Fue muy divertido! Pero ahora sólo tengo ganas de comer. Apuesto que en el bosque hay algún durazno esperando por mí. Quizás puedo ir con mi flauta a echar sólo un vistazo.

Lucrecia y el lobo malvado

por Wiley Gaby
ilustrado por Jim Madsen

Había una niña que se llamaba Lucrecia. Le gustaban muchas cosas para pasar el tiempo. Jugaba al aire libre. Cuidaba a su hámster. Recogía frutas en su jardín. También le gustaba mucho tocar melodías con su flauta.

Lucrecia vivía en una pequeña casa azul. Estaba cerca de un bosque muy grande y solitario. Sus papás le habían impuesto una regla principal: "¡Nunca vayas a ese bosque! El lobo malvado vive ahí". Lucrecia siempre había respetado esa regla. Nunca había ido a ese bosque. 1

Detente a pensar

1 ¿Qué le gusta hacer a Lucrecia?

A Lucrecia le gusta ______________________

____

____

En ese otoño, la mamá de Lucrecia fue de compras al pueblo. Necesitaba varios ingredientes para sus platillos preferidos. Pero antes de irse, le recordó a Lucrecia:

—Cuídate mucho y no vayas a ir al bosque.

Más tarde, Lucrecia comenzó a sentirse aburrida. Decidió salir a jugar al jardín. Se le antojó comerse un durazno **tierno**. Pero no había ni uno solo en el huerto. Su papá le explicó que la última tormenta había arruinado los frutos. Lucrecia pudo ver que los tallos de sus plantas estaban **quebradizos**. También había muchas ramas tiradas en el suelo. **2**

Detente a pensar

2 ¿Qué crees que Lucrecia hará a continuación? ¿Por qué?

Pienso que a continuación Lucrecia ______________________

____

____

A Lucrecia se le ocurrió que podría vestir a su hámster de astronauta. Una vez lo había disfrazado de princesa y fue muy divertido. ¡Pero ahora sólo tenía ganas de un durazno! Decidió ir al bosque a buscar uno. Así que tomó su flauta y se encaminó a ese lugar prohibido por primera vez en su corta vida.

El viento soplaba muy fuerte. Lucrecia temblaba. De todos modos siguió caminando. Tampoco allí había ninguna fruta. Para evitar que el miedo la dominara, comenzó a tocar su flauta.

Entonces, en medio de aquel paisaje solitario, un lobo saltó de entre las ramas. Le bloqueó el camino a Lucrecia.

—¡Niña, detente! —rugió. 3

Detente a pensar

3 ¿Por qué Lucrecia toca la flauta cuando comienza a sentir miedo?

Lucrecia toca la flauta cuando comienza a sentir miedo porque ______________________________

____

—¿Qué haces aquí?

—Vine a buscar alguna fruta para comer. ¿Me puedes ayudar?

—¡Las frutas del bosque son mías! —el lobo gritó—. ¿Por qué habría de compartirlas contigo?

—Te tocaré una melodía a cambio —le propuso Lucrecia.

Mientras Lucrecia tocaba la flauta, el lobo comenzó a quedarse dormido. Se le cerraban los párpados. Minutos después, ya estaba roncando. **4**

Detente a pensar

4 ¿Qué pretende Lucrecia obtener del lobo?

Lucrecia quiere obtener del lobo ____________________

____

____

Lucrecia aprovechó la ocasión para intentar huir. Pero cuando había dado unos cuantos pasos, el lobo se despertó. Alcanzó a Lucrecia con un solo salto. Volvió a ordenarle que se detuviera.

—¿Adónde crees que vas? —le preguntó.

—Tengo que regresar a casa.

—¡No puedes irte! —gruñó el lobo—. ¡Quiero que sigas tocando la flauta!

Lucrecia comenzó a tocar una nueva melodía. **5**

Detente a pensar

5 Si tú fueras Lucrecia, ¿cómo te sentirías ahora?

Si yo fuera Lucrecia, me sentiría ______________________

____

____

El lobo comenzó a quedarse dormido de nuevo. Bostezó largo antes de ponerse a roncar. Lucrecia corrió ahora. Unos pasos más adelante, el lobo volvió a bloquearle el camino.

—¿Adónde crees que vas? —le preguntó.

—¡Me estás asustando! ¡Ya es hora de que regrese a casa!

El lobo se desesperó.

—¡Quiero que sigas tocando esa flauta! —le ordenó.

Lucrecia obedeció. Otra vez, el lobo comenzó a sentirse somnoliento. Se echó en el suelo y roncó ruidosamente. 6

Detente a pensar

6 ¿Cómo crees que Lucrecia se librará del lobo?

Pienso que Lucrecia ______________________________

____

____

Ahora, Lucrecia ideó un plan. Avanzó unos cuantos pasos. Entonces se detuvo y siguió tocando su flauta. ¡El lobo seguía dormido! ¡Roncaba con más fuerza todavía! ¡Tal como ella lo había planeado!

Siguió poniendo en práctica su astuto plan hasta que llegó a casa. Al ver a su papá, lo abrazó con todas sus fuerzas. Su papá también estaba encantado de verla sana y salva. Pero al mismo tiempo se sentía molesto porque Lucrecia los había desobedecido.

Desde ese día, Lucrecia jamás volvió a romper una sola regla. Tampoco volvió a poner un solo pie en el bosque... ni volvió a antojársele un solo durazno. ¡Quién lo duda! 7

Detente a pensar

7 ¿Qué lección te dejó este cuento?

Este cuento me enseñó que ______________________________

____

____

Pensamiento crítico

1. ¿Cómo cambian las cosas para Lucrecia en el transcurso del cuento? Dibuja la siguiente gráfica en un cuaderno y complétala. **COMPARAR Y CONTRASTAR**

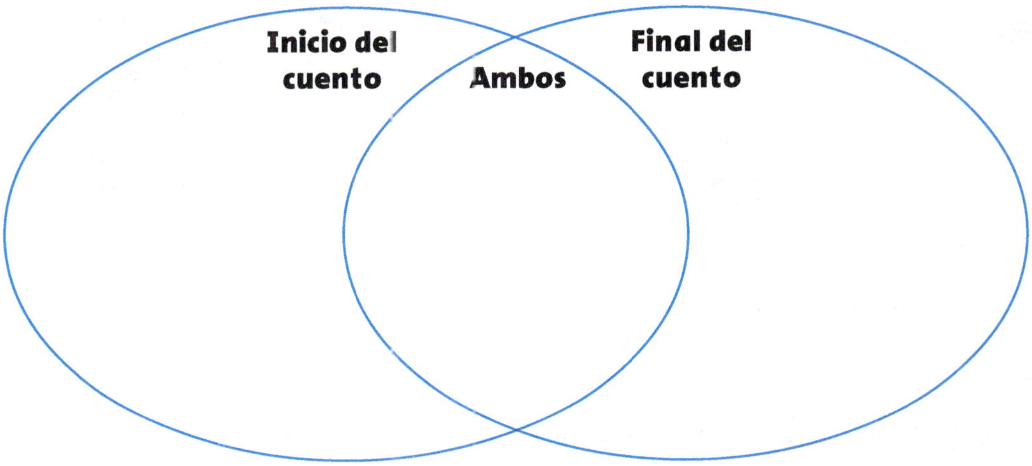

2. ¿Por qué Lucrecia se mete en problemas con el lobo? **CAUSA Y EFECTO**

Lucrecia se mete en problemas con el lobo porque ______________________________

____

3. ¿Cómo logra Lucrecia ponerse a salvo del lobo? **TRAMA**

Lucrecia logra ponerse a salvo del lobo ______________

____

adormilados

bostezan

carga

consolarla

heroico

regañándolo

Vocabulario

Desarrollar un vocabulario rico

Escribe la palabra del vocabulario que complete cada oración de este artículo periodístico. La primera ya ha sido completada como ejemplo.

NOTICIAS DIARIAS SECCIÓN C

NOTICIA

Venado gigante se está bebiendo el río

Lunes 27 de julio

Un venado gigante llegó al río esta mañana. Desde ese momento comenzó a beberse toda el agua. Varios animales llegaron hasta ahí para intentar detener al sediento animal. "¡Debería darte vergüenza!", le gritó un castor. Los animales estuvieron **(1)** ___**regañándolo**___ por horas, pero ni así se detuvo el venado.

La rana era la más afectada de todos. A cada sorbo del venado, su hogar iba desapareciendo. Al verla, los demás animales intentaron **(2)** ____________, pero la rana aseguró que sólo se sentiría mejor cuando el venado dejara de beberse el agua del río.

NOTICIAS DIARIAS SECCIÓN C

¡Salven el río!

Martes 28 de julio

El venado gigante continúa bebiéndose el río. El agua se agotará muy pronto. Mientras esto sucede, nuestros guardabosques, los osos, **(3)** ______________________ en sus oseras. Debido al intenso calor de este verano, permanecen **(4)** ______________________ a la sombra y han dado órdenes de que nadie los moleste.

Algunos animales exigen que el venado sea arrastrado lejos del río. Pero el castor, que es experto en construcción, asegura que ese venado es una **(5)** ______________________ demasiado pesada para todos ellos. Otros animales piensan que sólo un acto **(6)** ______________________ podría detenerlo. Sea como sea, ¡alguien tiene que evitar este desastre!

El día que Pulga salvó el río

por Wiley Gaby
ilustrado por Christine Jenny

PERSONAJES

ÁGUILA	CASTOR
VENADO	PULGA
RANA	PEZ

ESCENARIO: Un antiguo bosque.

ÁGUILA: Hace mucho tiempo, cuando yo era un pequeño aguilucho, un enorme y profundo río atravesaba el bosque. Su agua cristalina corría presurosa para desembocar en el mar. Los peces saltaban sobre sus olas. El río también era el hogar de castores, tejones y ranas. Otros animales, pequeños y grandes, venían de todas partes a beber en él. Un verano muy caluroso, Venado llegó al río desde el Este. Era muy grande y estaba sediento porque había viajado varios días para llegar al río. 1

Detente a pensar

1 ¿Qué es más probable que Venado haga a continuación?

A continuación es muy probable que Venado ______________

____

____

VENADO: *(Entrando por el lado derecho del escenario)*: Me siento muy débil y tengo mucha sed. Necesito un poquito de agua. *(Aparenta comenzar a beber del río)*.

ÁGUILA: Ese enorme venado parecía necesitar algo más que un poquito de agua. Hizo que el nivel del agua descendiera. Aun así, seguía bebiendo. ¡El agua comenzó a desaparecer del río!

RANA: *(Apareciendo entre las rocas del río)*: Venado ya ha bebido demasiada agua. Debe detenerse ya. ¡Si no lo hace, no tendré donde dormir! 2

Detente a pensar

2 ¿Dónde crees que esté la casa de Rana?

Pienso que la casa de Rana está en ______________________

____

____

ÁGUILA: Rana le rogó a Venado que se detuviera. Pero éste sorbía tan fuerte que no escuchó los ruegos de Rana. El agua seguía descendiendo.

RANA: *(Saltando frente a Venado)*: ¡Por favor, señor! Le ruego que se detenga. Este río se convertirá en un charco si sigue bebiendo así.

ÁGUILA: Era en vano. Venado seguía bebiendo. Aunque Tejón estaba ahí cerca, tenía muy mal carácter y se limitaba sólo a observar. A él sólo le importaba su tejonera. Por eso, Rana corrió en busca de ayuda. *(Rana sale saltando del escenario).*

VENADO: ¡Qué delicia! ¡El agua de este río es exquisita! 3

Detente a pensar

3 ¿Por qué Rana está molesta con Venado?

Rana está molesta con Venado porque ____________________

____

____

ÁGUILA: Rana regresó al río acompañada sólo de Castor y Pulga. Ellos fueron los únicos animales del bosque que estuvieron dispuestos a ayudarla. *(Rana, Castor y Pulga entran al escenario por entre los árboles).*

CASTOR: ¡Y dónde están los guardabosques!

RANA: ¿Te refieres a los osos? ¡Valiente ayuda! Mientras el agua desaparece, ellos sólo bostezan en sus oseras.

PULGA: Claro, como hace tanto calor, prefieren quedarse adormilados a la sombra mientras... (Rana, Castor y Rana miran a Venado, que sigue bebiendo).

RANA: ¡Véanlo! ¡Parece que su sed no se saciara nunca! ¡Si sigue así, todos moriremos de sed muy pronto! *(Rana comienza a llorar).*

ÁGUILA: Al ver que Rana llora, Pulga se acerca para consolarla.

PULGA: Ya, ya, amiga. Ya encontraremos la manera de detenerlo.

CASTOR: No veo cómo, Pulga. Venado es más grande que todos nosotros juntos.

ÁGUILA: Un pez sale del agua para averiguar qué está pasando. Al ver a Venado bebiéndose toda esa agua, sabe que morirá si el río llega a secarse.

PEZ: ¡Por favor, deje de beberse ya todo el río! Los peces no tenemos otros lugar para vivir. *(Pez sale del escenario).* 4

Detente a pensar

4 ¿En qué se diferencia Pez del resto de los animales?

A diferencia de los demás animales, Pez ____________________

____

____

ÁGUILA: Cada animal intentaba encontrar la manera de detener a Venado.

RANA: Quizás podríamos atarlo con una cuerda y arrastrarlo muy lejos.

CASTOR: ¡Eso es imposible! Yo arrastro troncos todo el día. Ni cien castores podríamos lograrlo. Ese venado es una carga demasiado pesada para todos nosotros.

PULGA: Quizás podríamos ofrecerle hojas frescas para que se aleje del río.

ÁGUILA: Todos recogen hojas de los árboles y los arbustos. Se las acercan a Venado, pero éste sólo sigue atento al agua.

CASTOR: (Arroja las hojas furioso): ¡Debería darle vergüenza, señor! ¡Es usted demasiado egoísta!

ÁGUILA: Al ver que no logran nada regañándolo, Pulga sugiere una idea.

PULGA: Creo que ya sé cómo detenerlo.

RANA: Pulga, ¡no puedes morder a un venado!

CASTOR: ¡Eres más pequeña que una abeja!

RANA: ¡Eres más pequeña que un huevo de abeja! 5

Detente a pensar

5 ¿Crees que una pulga puede detener a un venado? Explica tu respuesta.

Pienso que una pulga ______________________________

____

PULGA: Confíen en mí. Abran bien los ojos.

ÁGUILA: Pulga llegó de un salto hasta Venado. Entonces, le mordió una pata con todas sus fuerzas.

PULGA: ¡Eso te enseñará a respetar a los demás!

ÁGUILA: Venado pataleó varias veces y sacudió su cola. Miró confundido hacia su pata, pero no pudo ver a Pulga. Así que mejor siguió bebiendo. Pulga saltó más cerca y lo mordió otra vez. Venado pataleó con más fuerza. Cada patada hacía un agujero en el suelo. Del subsuelo salió de pronto agua. Primero comenzó a llenar los agujeros y, poco a poco, ¡llenó el río hasta desbordarlo! (6)

Detente a pensar

(6) ¿Por qué el río comienza a llenarse de nuevo?

El río comienza a llenarse de nuevo porque ______________________

____

____

ÁGUILA: Finalmente, Venado no pudo soportar más las mordeduras de Pulga. Corrió a esconderse entre los árboles. Pulga aún iba sostenida a sus ancas. Venado huyó en busca de otro río donde pudiera beber más apaciblemente. ¡Así fue como el acto heroico de Pulga salvó al río!

CASTOR: Pulga puede ser más pequeña que una abeja ¡pero su valor es inmenso!

RANA: ¡Fue más valiente que los osos! *(Pulga entra al escenario, exhausta).*

ÁGUILA: Al ver lo que podía pasarles a los egoístas, Tejón hizo las paces con los demás animales. Él mismo se ofreció a llevar a Pulga en hombros a un lugar amplio y cómodo donde podía descansar como reina. ¡El lomo de los osos! Desde ese día, los osos no se despegan del río y cuidan su agua como a sus propios cachorros. ¡Saben que en sus oseras hay siempre una pulga dispuesta a recordarles su deber! 7

Detente a pensar

7 Si tú fueras Pulga, ¿cómo te sentirías ahora?

Si yo fuera Pulga, me sentiría ______________________________

____

____

Maestros: Leer en voz alta

Pensamiento crítico

1. ¿En qué se parecen Pulga y Venado? ¿En qué se diferencian? Dibuja la siguiente gráfica en un cuaderno y complétala.
COMPARAR Y CONTRASTAR

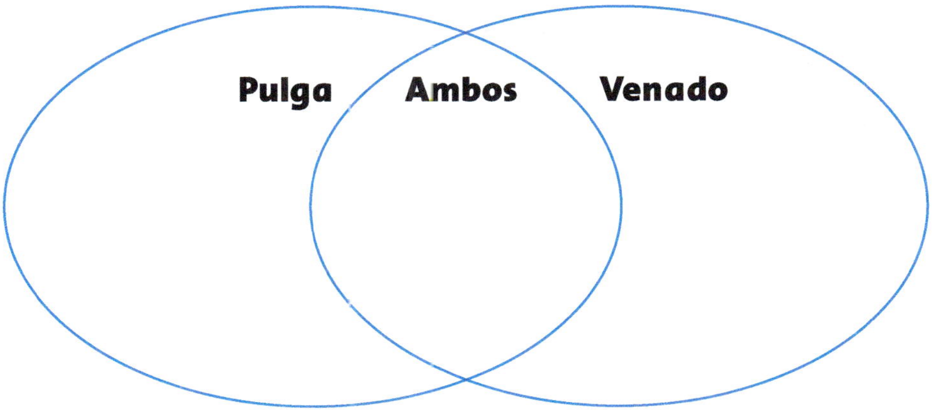

2. ¿Qué crees que el autor quiso enseñarte por medio de esta lectura? **PROPÓSITO DEL AUTOR**

Pienso que el autor quiso enseñarme que ____________

____

____

3. ¿Cómo se resuelve el problema que plantea el cuento?
CONFLICTO Y RESOLUCIÓN

El problema del cuento se resuelve cuando ____________

____

____

____

arranqué

arruinado

cautelosamente

cruzaban

estupendo

recuerdo

Vocabulario

Desarrollar un vocabulario rico

Escribe la palabra del vocabulario que complete cada oración de las tarjetas postales. La primera ya ha sido completada como ejemplo.

Querido papá:

Después de todo, no me va tan mal en la granja del abuelo. No creo más que mi verano se haya **(1)** ___**arruinado**___ por venir aquí. Al llegar, vi dos arrendajos azules que **(2)** ____________ el cielo. Mi abuelo dice que también les llaman urracas azules Por eso elegí una estampilla con la imagen de ese hermoso pájaro.

Te extraña,

Celina

Papá
1211 Laurel
Chicago, IL 60202

Querida Nadia:

¡Pasé un día **(3)** ______________________ con mi abuelo! Me llevó a pescar. Lo único malo fue que debimos cruzar un campo donde había muchas vacas. Adivinaste: ¡les tengo pavor! Cuando pasamos a su lado, tomé la mano de mi abuelo y avancé **(4)** ______________________ hasta dejarlas atrás. ¡Qué susto!

Te extraña,

Celina

Nadia

1219 Laurel

Chicago, IL 60202

Querido papá:

¡Atrapé un pez! Primero, sentí un estirón en mi caña. Después, rebobiné la cuerda hasta que saqué al pez del agua. Finalmente, le **(5)** ______________________ el anzuelo de su boca y... ¡cenamos pescado! Nunca olvidaré ese momento. Será mi mejor **(6)** ______________________ de este verano.

Te quiere,

Celina

Papá

1211 Laurel

Chicago, IL 60202

La banda del granero

por Wiley Gaby

ilustrado por Joel Spector

Celina vivía con su papá en Chicago. Ésta es una de las ciudades más grandes de Estados Unidos. Su casa estaba en la calle Laurel. Celina siempre tenía algo que hacer en esa ciudad. Pintaba y tocaba la flauta en la banda de la escuela. También iba al teatro con su papá. Celina no quería alejarse jamás de Chicago.

A finales de la primavera, Celina recibió una carta. Era de su abuelo. Él vivía en una granja muy lejos de la ciudad. El verano se aproximaba, y estaba invitando a Celina a que lo visitara. Celina no había estado fuera de su casa nunca antes. 1

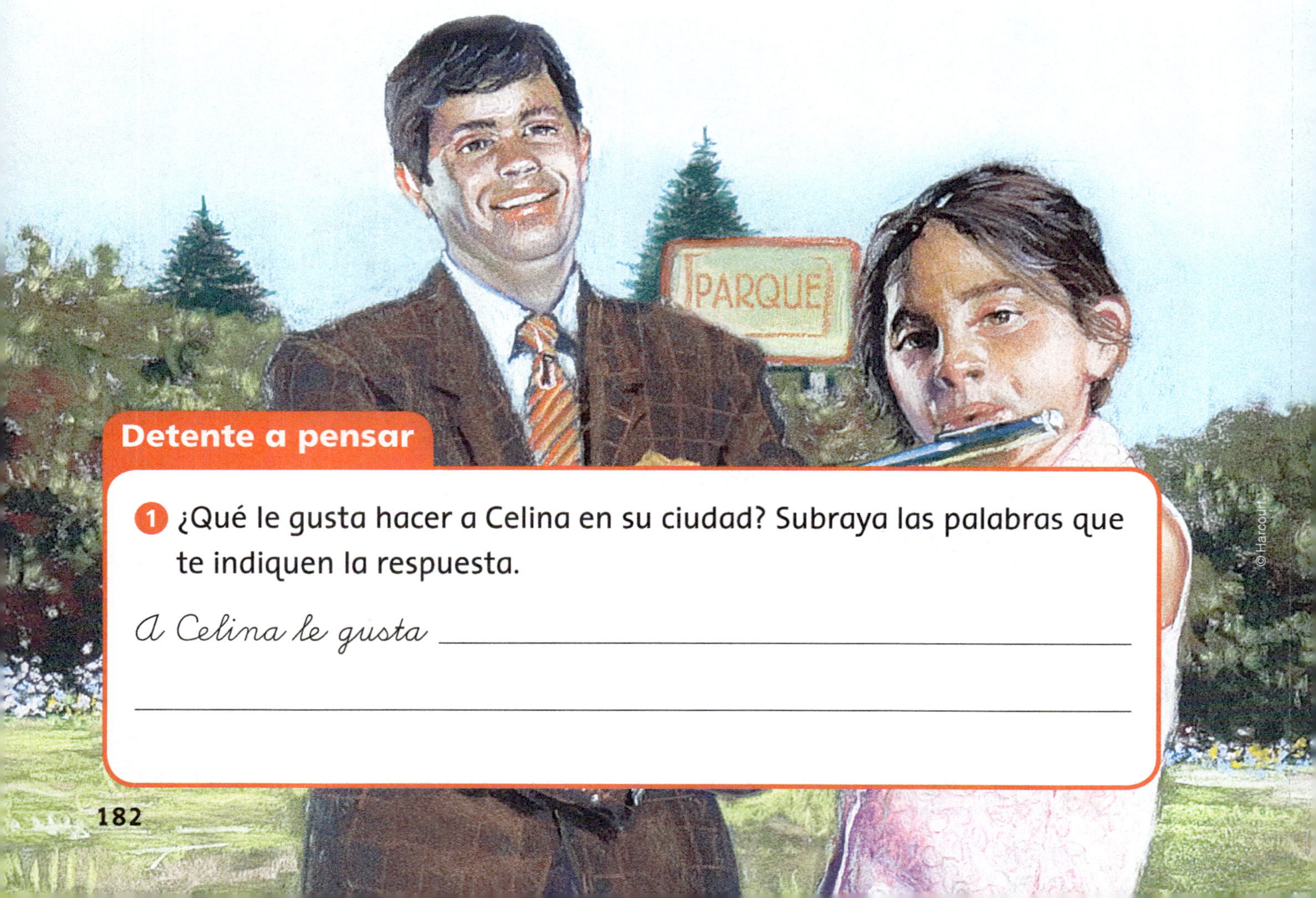

Detente a pensar

1 ¿Qué le gusta hacer a Celina en su ciudad? Subraya las palabras que te indiquen la respuesta.

A Celina le gusta ______________________________

____

El papá de Celina había vivido en una granja cuando fue niño.

—¡Te divertirás mucho! —le dijo a su hija.

—¡Quiero quedarme contigo! —lloró Celina—. Si voy a casa del abuelo, mi verano quedará arruinado.

—Él te llevará a la feria. Recorrerán juntos el campo. Además, podrás tocar la flauta en el granero, recostada en la paja. ¡Ya verás!

—No quiero —insistió Celina—. ¡No me parece justo!

Poco después, sin embargo, Celina y su papá ya estaban a bordo de un tren. **2**

Detente a pensar

2 ¿Por qué crees que Celina quiere quedarse en casa?

Pienso que Celina quiere quedarse en casa porque ____________

____

____

¡El viaje en tren fue muy largo! Celina dibujó en su cuaderno los pueblos que iban cruzando. También jugó con su papá algunos juegos de mesa. En la noche, abrazó a su muñeca y le cepilló el cabello. Celina tenía todo el tiempo del mundo en ese tren.

Finalmente, llegaron a su destino a la mañana siguiente. Llovía cuando Celina descendió del tren. Todo se veía gris en la estación. A lo lejos, Celina vio a un hombre con un mechón gris. ¡Era su abuelo!

—¡Corre si no quieres pescar un resfriado, Celina! —la saludó.

El papá de Celina se despidió de ambos. Después, el abuelo tomó la maleta de Celina y salieron de la estación a toda prisa. 3

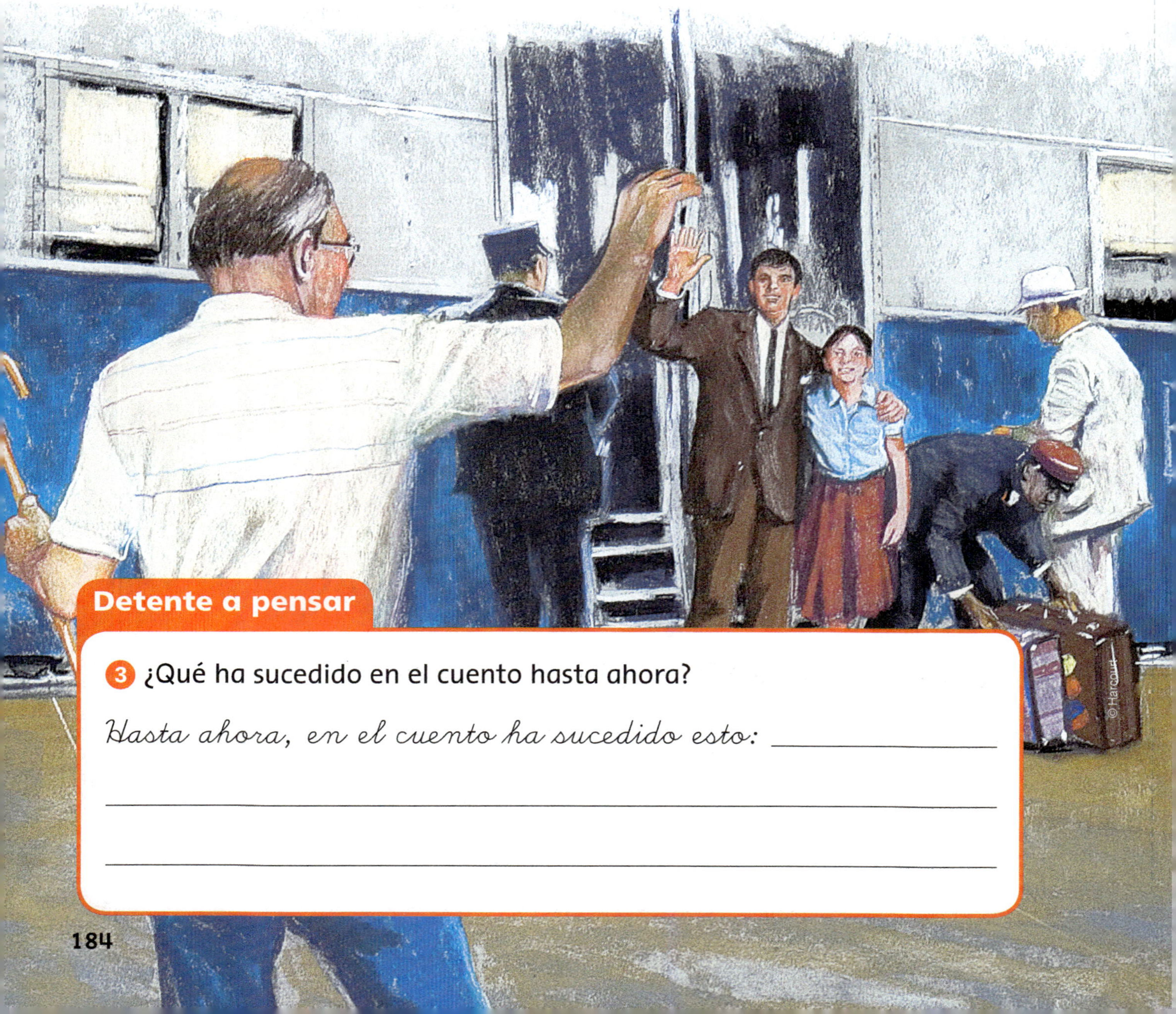

Detente a pensar

3 ¿Qué ha sucedido en el cuento hasta ahora?

Hasta ahora, en el cuento ha sucedido esto: ______________________

____

____

El abuelo no habló mucho mientras conducía su camioneta camino a la granja. Celina miraba el paisaje desde la ventana. Extrañaba mucho la calle Laurel y a su papá.

Dejó de llover más adelante. Unos destellos radiantes surgieron de entre las nubes. Celina vio un par de arrendajos azules que cruzaban el cielo.

—Algunas personas los llaman urracas azules —le explicó su abuelo.

Celina no dijo nada, pero pensó que, después de todo, no sería tan malo pasar unos días en la granja del abuelo. 4

Detente a pensar

4 ¿Qué crees que pasará a continuación?

Pienso que a continuación ______________________________

____

____

La casa era de un solo piso. En la granja, el abuelo cultivaba maíz y alfalfa. También criaba vacas. Celina les tuvo miedo al primer vistazo. Eran enormes y tenían colas muy largas. Le tranquilizó mucho saber que permanecían encerradas en el corral.

Cada día, el abuelo tenía una actividad nueva para ella. Iban a la feria del pueblo. Recorrían el campo y el abuelo siempre la hacía reír con sus ocurrencias. ¡Su papá tenía razón! Aunque no pintaba ni iba al teatro, ¡se estaba divirtiendo mucho!

También se llevó un susto. El abuelo la llevó a pescar un sábado. Debían cruzar un campo donde había muchas vacas sueltas. ¡Por poco se desmaya Celina! Sujetó con fuerza la mano de su abuelo. Entonces, sintió que nada ni nadie podría hacerle daño. 5

Detente a pensar

5 ¿Cómo se siente Celina al lado de su abuelo ahora? Subraya las palabras que te indiquen la respuesta.

Al lado de su abuelo, Celina se siente ahora ____________________

____

El siguiente domingo, el abuelo se fue al granero desde muy temprano. Se quedó ahí todo el día. Celina jugó adentro de la casa mientras tanto. También aprovechó el tiempo para escribir en su diario y mandarles unas tarjetas postales a su papá y su mejor amiga. Al terminar, comenzó a sentirse aburrida. Quiso saber entonces qué tanto hacía su abuelo en el granero.

Cuando llegó allá, no oyó sólo el mugir de las vacas y el cacareo de las gallinas. Escuchó el sonido melodioso de muchos instrumentos. Todo el aire estaba lleno de ese sonido maravilloso. Se paró de puntillas para echar un vistazo, pero la ventana estaba demasiado alta. Así que agarró un bote, lo puso bocabajo bajo y se subió sobre él. Cautelosamente se asomó por la ventana y, entonces, vio un espectáculo estupendo. 6

Detente a pensar

6 ¿Por qué Celina quiere ver lo que hay en el granero?

Celina quiere ver lo que hay en el granero porque ____________

____

____

¡El abuelo estaba tocando un violín! Junto a él, unos amigos suyos tocaban otros instrumentos. Celina se bajó del bote y corrió al granero.

—¡Ven a tocar con nosotros, Celina! —le dijo el abuelo al verla entrar.

Celina agarró un palo y tocó los barriles como si fueran tambores.

—¡Suena mejor que la banda de mi escuela! —dijo Celina.

Días después, al despedirse en la estación, Celina le dio a su abuelo una fotografía suya.

—La arranqué de mi diario para que no me olvides, abuelo.

—Nunca lo haré, Celina. Llevo tu recuerdo en mi corazón desde que naciste.

No llovía esa mañana. Pero, al subirse al tren, Celina tenía la cara mojada. 7

Detente a pensar

7 ¿Qué crees que el autor quiere enseñarte con este cuento?

Con este cuento, pienso que el autor quiere enseñarme que

____

____

Pensamiento crítico

1. Piensa en el cuento y en la manera en que termina. Dibuja la siguiente gráfica en un cuaderno y complétala. **TRAMA**

Sucesos importantes

↓

Desenlace

2. ¿Qué hace que Celina cambie su actitud sobre su visita? **CAUSA Y EFECTO**

Celina cambia su actitud sobre su visita cuando

____

____

3. ¿El autor ha escrito este cuento para entretenerte o para informarte? **PROPÓSITO DEL AUTOR**

El autor ha escrito este cuento para ______________

____

____

abandonar

enorme

exclamó

sugirió

vanidoso

veloces

Vocabulario

Desarrollar un vocabulario rico

Lee el cuento y piensa en el significado de las palabras resaltadas con letras más oscuras.

Sólo faltaba un pollito de romper el cascarón. Mamá Gallina no sabía qué hacer. No podía **abandonar** a su hijo a su suerte. Chivo se enteró de lo que pasaba. Después de examinar el huevo, **sugirió** que Mamá Gallina siguiera empollándolo. Justo en ese momento, un diminuto pollito salió del huevo. Pero, ¡sólo tenía una pata y un ala!

Obviamente, los demás pollitos eran más **veloces** que él. Por eso Mamá Gallina le prestaba más atención a su hijo incompleto. Los demás animales tampoco le quitaban la vista de encima. Fue así como este pollito llegó a la conclusión de que él era más importante que todos. Se hizo insoportablemente **vanidoso**. Se creía tan superior, que un día decidió visitar al rey. A la entrada del palacio real había dos hombres cuidando la **enorme** puerta.

—Estoy seguro de que el rey querrá verlo... —**exclamó** un guardia al ver al extraño pollo.

Escribe la palabra del vocabulario que complete cada oración. La primera ya ha sido completada como ejemplo.

1. Con una sola pata, el pollito no podía correr aprisa. Sus hermanos eran más ____**veloces**____ que él.

2. El palacio real era muy grande. Tenía una puerta ________________.

3. El pollito no podía romper el cascarón. Chivo ________________ que Mamá Gallina siguiera empollándolo.

4. Sólo un pollito faltaba de romper el cascarón. Mamá Gallina no podía ________________ ese hijo a su suerte.

5. El pollito pensó que era más importante que los demás animales. Fue así como se hizo muy ________________.

6. Al ver al pollito incompleto, uno de los guardias ________________ que el rey sí querría verlo.

Pollo Crudo

por Wiley Gaby

ilustrado por Alessandra Cimatoribus

En la granja, Mamá Gallina estaba parada junto a su nido. Sólo faltaba un pollito de romper el cascarón.

—¡Vamos, hijo, tú puedes hacerlo! —lo alentaba Mamá Gallina.

Al oírla, Chivo y Cuervo se acercaron para averiguar lo que sucedía.

—Aún no está listo. Debes seguir empollándolo —sugirió Chivo.

—No pierdas tu tiempo —graznó Cuervo—. Ese huevo ya no sirve.

Justo en ese momento, el pollito rompió el cascarón. Pero, no era igual que sus hermanos. Se veía *medio* raro. 1

Detente a pensar

1 ¿Por qué crees que Cuervo le dice a Mamá Gallina que ese huevo ya no sirve?

Cuervo le dice a Mamá Gallina que ese huevo ya no sirve porque ______________________________

____

—¡Te dije que aún no estaba listo! —exclamó Chivo—. ¡Le faltan una pata y un ala!

Era un pollito a medias. Por eso, los animales lo llamaron "Pollo Crudo".

Mamá Gallina acalló sus burlas cacareando a todas horas:

—¡Pollito mío, eres único! ¡Muy pronto serás conocido de costa a costa!

Sin embargo, Pollo Crudo no lograba atrapar ni una lombriz. Sus hermanos se las comían veloces cuando él apenas las divisaba.

Cuando creció, nadie se atrevió a burlarse más de él. Pero tampoco nadie dejaba de abrir los ojos a su paso. Pollo Crudo concluyó que todos lo miraban así porque él era muy especial. Se hizo tan vanidoso que decidió salir a conquistar el mundo.

"Esta granja me queda ya muy pequeña. El palacio real está cerca de aquí. Seguramente al rey *le gustaría* conocerme", pensó al abandonar la granja. 2

Detente a pensar

2 ¿De qué manera era especial este pollito?

Este pollito era especial ______________________________

____

____

En su camino al palacio, Pollo Crudo llegó a un arroyo. Éste estaba bloqueado por un tronco enorme. De repente, el arroyo gritó:

—¡Ayúdame, por favor! Este tronco no deja correr mi agua. Las lanchas no pueden navegar.

Pollo Crudo despejó el arroyo con su única pata y su sola ala. Después, prosiguió su camino. No tenía tiempo que perder.

Más tarde, llegó hasta donde estaba una fogata. Ésta estaba a punto de extinguirse.

—¡Ayúdame, por favor! —le rogó la fogata—. Necesito un poco de oxígeno. Hazme aire con tu ala, por favor. 3

Detente a pensar

3 ¿Cómo sabes que Pollo Crudo ayudará a la fogata?

Sé que Pollo Crudo ayudará a la fogata porque ____________

____

____

Pollo Crudo agitó su única ala en dirección al carbón. El fuego se reavivó con flamas altas y fuertes. Esa fogata no necesitaba más de su ayuda. Así que Pollo Crudo regresó al camino. Tenía que llegar cuanto antes al palacio real.

Más adelante, se topó con el viento. Éste estaba enredado entre las ramas de un arbusto.

—¿Podrías ayudarme, por favor? —le rogó el viento.

A toda prisa, Pollo Crudo lo rescató de entre las ramas. No había más tiempo que perder. ¡Quizás también el rey necesitaba de su ayuda! **4**

Detente a pensar

4 ¿Qué personajes han aparecido hasta ahora? ¿Dónde transcurren estos eventos?

Los personajes que han aparecido hasta ahora son: ________

Estos eventos transcurren en ________________________________

____

Por fin, Pollo Crudo llegó al palacio real. A la entrada había una puerta enorme. Dos guardias la custodiaban.

—¿Pueden conducirme ante el rey? —preguntó Pollo Crudo apresurado.

Los hombres lo miraron fijamente.

—¿De parte de quién? —preguntó uno de ellos.

—¡De mí! ¿No está viendo? —se desesperó Pollo Crudo—. Estoy seguro de que el rey querrá verme.

—Sí, estoy seguro de que el rey querrá verte —dijo el guardia—, ¡pero en la cocina!

Sin decir más, agarró a Pollo Crudo por el pescuezo y lo metió en una olla con agua. 5

Detente a pensar

5 ¿Cómo crees que se siente Pollo Crudo ahora que le guardia lo ha metido en una olla? Explica por qué.

Pienso que Pollo Crudo ahora debe sentirse ____________________

____

Pollo Crudo flotaba en el agua. Un cocinero prendió el fuego de la estufa. El agua se fue poniendo más y más caliente.

—¡Ésta no es la manera de recibir a alguien tan especial como yo! —reclamó Pollo Crudo.

No le agradaba nada la idea de acabar hecho sopa. Tenía mucho miedo. De pronto recordó a los amigos que había hecho en su camino al palacio real.

—¡Fuego, ayúdame! —gritó—. ¡Por favor no me quemes!

El fuego le respondió:

—Tú me ayudaste. Ahora yo te ayudaré. Pídele al agua que me apague.

El agua también se sintió feliz de poder devolverle el favor a Pollo Crudo. Se derramó de la olla y así apagó al fuego. 6

Detente a pensar

6 ¿Por qué ayudan el fuego y el agua a Pollo Crudo?

El fuego y el agua ayudan a Pollo Crudo porque ______________

____

____

El viento también se apresuró a ayudar a Pollo Crudo. Con una fuerte ráfaga lo rescató de la olla. Luego, lo sacó por la ventana y lo depositó en lo más alto del palacio real.

Muy pronto sería conocido de costa a costa, en efecto. Él se convirtió en la primera veleta del mundo. Aún hoy, es posible verlo en lo alto de algunos edificios. Desde allí indica la dirección del viento. ¡Le encanta que todos lo sigan viendo! 7

Detente a pensar

7 ¿Por qué es importante ayudar a quien lo necesita?

Es importante ayudar a quien lo necesita porque ________

____

____

Pensamiento crítico

1. ¿Cuál problema enfrentó Pollo Crudo al llegar al palacio real? ¿Cómo se solucionó ese problema? Dibuja la siguiente gráfica en un cuaderno y complétala. **PROBLEMA Y SOLUCIÓN**

Problema

↓

Sucesos importantes

↓

Desenlace

2. ¿Qué crees que la autora quiere enseñarte con este cuento? **PROPÓSITO DEL AUTOR**

Con este cuento, pienso que la autora quiere enseñarme que ______________________________

____

3. ¿Qué le pasa a Pollo Crudo al final del cuento? ¿Se cumplieron o no las predicciones de su mamá? **TRAMA**

Al final del cuento, Pollo Crudo ______________________

____

criticar

diálogo

ensayar

involucrar

obligatorios

versiones

Vocabulario

Desarrollar un vocabulario rico

Escribe la palabra del vocabulario que complete cada oración. La primera ya ha sido completada como ejemplo.

1. El director puede informarnos mejor acerca de la Orquesta de la Costa Dorada. Sostengamos un **diálogo**

   diálogo **consejo** **recuerdo**

   con él.

2. Para interpretar bien las obras musicales, la orquesta debe ______________________

   criticar **ensayar** **involucrar**

   muchísimo antes de la primera función.

3. Para la solista, los ensayos diarios son ______________________ . Debe cantar

   veloces **obligatorios** **vanidosos**

   su parte una y otra vez para que lo haga perfectamente en la función.

4. Al director le gusta interpretar ______________ nuevas de canciones

consejos **diálogos** **versiones**

antiguas.

5. Los integrantes de la orquesta ensayan varias semanas. Todos se deben ______________

involucrar **ensayar** **criticar**

de cuerpo y alma en este proyecto para ejecutar las obras perfectamente.

6. El director evalúa en privado a sus jóvenes músicos. No le gusta ______________ en público su

involucrar **criticar** **ensayar**

desempeño porque los haría sentir mal.

Escribe las respuestas de las siguientes preguntas. Responde con oraciones completas.

7. ¿Por qué son obligatorios los ensayos para todos los integrantes de la orquesta?

____

____

8. ¿El director critica en público el desempeño de sus jóvenes músicos?

____

____

La verdad tras el telón

por Wiley Gaby
ilustrado por Mike Tofanelli

Personajes

Esperanza	Emilio	Director
Solista	Violinista	Coro

Esperanza: Estamos reportando tras el telón del Teatro de la Costa Dorada.

Emilio: Esta noche, la Orquesta de la Costa Dorada ejecutará obras musicales, tanto modernas como antiguas.

Esperanza: Aquí están con nosotros algunos de los integrantes de esta orquesta.

Emilio: Quién mejor para hablar de esta orquesta que el director. Sostengamos un diálogo con él para saber cómo se prepara un espectáculo como éste.

Coro: ¡Que comience la entrevista! (1)

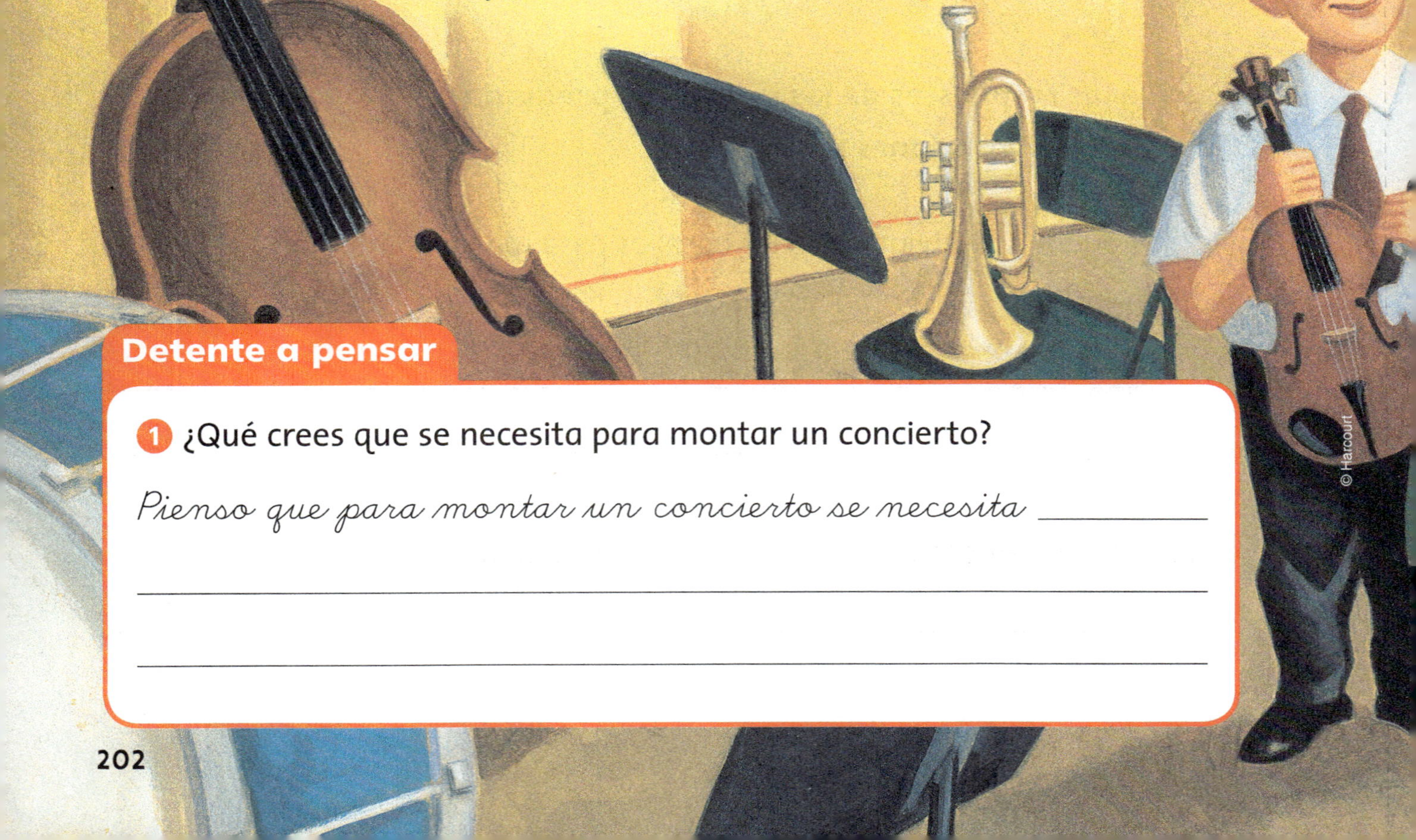

Detente a pensar

(1) ¿Qué crees que se necesita para montar un concierto?

Pienso que para montar un concierto se necesita ____________

____

____

Director: ¡Hola! ¡Qué bueno que nos visitan!

Emilio: Gracias por permitirnos hablar con usted antes del concierto. Nos gustaría saber, primero, cuáles son sus funciones como director.

Director: Primero, elijo las canciones que interpretará la orquesta. Luego, selecciono a los estudiantes que toquen mejor cada instrumento. Después, escojo a los estudiantes que canten bien. Entonces, comienzo a prepararlos para el concierto.

Coro: Hay mucho que hacer antes de que se levante el telón. 2

Detente a pensar

2 ¿Qué hace el director después de que elige las canciones del concierto?

Después de elegir las canciones del concierto, el director

____

____

Esperanza: ¿Los estudiantes ya saben tocar y cantar las canciones que usted elige?

Director: Algunos, sí. De cualquier manera, todos debemos ensayar cada canción una y otra vez. Sólo así podemos dar un buen concierto. Me gusta interpretar versiones nuevas de canciones antiguas. Con mi experiencia, ayudo a mis músicos a encontrar el tono ideal de cada melodía.

Emilio: ¿Qué es lo que más le gusta hacer como director?

Director: Me siento muy satisfecho cuando logro que una canción suene como tiene que sonar. También disfruto mucho encontrar niños comprometidos con la música. ¡Me encanta verlos tocar y cantar bien después de tanto esfuerzo!

Esperanza y Emilio: ¡Muchas gracias, señor! 3

Detente a pensar

3 Si fueras director de orquesta, ¿qué es lo que más te gustaría hacer?

Si fuera director de orquesta, lo que más me gustaría hacer sería ______________________________

____

Emilio: Ahora está con nosotros una de las cantantes. ¿Eres solista?

Coro: Un solista canta o toca sin acompañamiento o lo hace de manera sobresaliente.

Solista: Sí soy solista. Canto una parte sola, acompañada sólo por la orquesta.

Esperanza: Entonces explícanos qué se siente cantar sola.

Solista: Cuando el director me dijo que yo iba a cantar un solo, me sentí muy asustada.

Coro: Un solo es la parte que interpreta el solista.

Solista: ¡Ahora estoy feliz de que me haya elegido! El solo es una parte muy importante de la melodía. Por eso, los ensayos diarios son obligatorios para mí. Sólo así he logrado cantar a tono *y* a ritmo con la orquesta. 4

Detente a pensar

4 ¿Qué es un solista? Subraya las palabras que te ayuden a responder.

Un solista es ______________________

____

____

Emilio: ¿Qué te ha dejado esa impresionante carga de trabajo?

Solista: El trabajo y la disciplina siempre rinden frutos. Por ejemplo, ahora puedo alcanzar mejor las notas más agudas. También las puedo sostener por más tiempo. Además, he aprendido a usar mis pulmones para modular mejor mi voz.

Esperanza: ¿Todos los miembros del coro son solistas?

Coro: No, pero también tenemos que ensayar durante varias semanas. Nos debemos involucrar de cuerpo y alma en cada canción. ¡Sólo así podemos dar un gran concierto!

Esperanza: ¿Ha sido muy difícil o divertido llegar hasta aquí?

Coro: Hemos trabajado mucho y también nos hemos divertido mucho. ¡Todo ha valido la pena! 5

Detente a pensar

5 ¿Qué opinan la solista y el coro acerca de todo el trabajo que han debido hacer?

La solista y el coro opinan que todo ese trabajo ____________

____

____

Emilio: Ahora quisiera hacerle otra pregunta al director: ¿Fue difícil que su orquesta interpretara las melodías como usted quería?

Director: Cada miembro de esta orquesta es ¡de primerísimo nivel! Claro que debí corregir a algunos para lograr lo que yo quería. Pero acostumbro criticar su desempeño siempre a solas. Si lo hiciera en público, los haría sentir mal. Por otro lado, mi crítica siempre es constructiva.

Esperanza: ¿Qué fue lo más difícil para preparar este concierto?

Director: Encontrar a los estudiantes que tocaran los instrumentos. Especialmente, al que tocara el violín.

Emilio: ¿Lo encontró?

Director: Por fortuna, encontré a un violinista que está apenas en tercer grado. Es el mejor de todos. ¡Aquí está! 6

Detente a pensar

6 ¿Por qué el director eligió un violinista del tercer grado?

El director eligió un violinista del tercer grado porque

____

____

Violinista: Mi mamá y mi papá tocan el violín. Yo aprendí a tocarlo desde que era muy pequeño.

Emilio: ¿Cómo se alistan los músicos para el concierto?

Violinista: Nos ponemos nuestros mejores trajes. Llegamos temprano y ya no ensayamos. Sólo tratamos de relajarnos. ¡Así no apareceremos temblando cuando se levante el telón!

Esperanza: Por cierto, ¡el espectáculo está por comenzar!

Director: Así es. ¡Ya tenemos que ocupar nuestros lugares!

Emilio: ¡Gracias a todos ustedes! ¡Les deseamos mucho éxito!

Esperanza: Vamos, también nosotros tenemos que ocupar nuestros lugares.

Emilio: ¿Vamos a cantar?

Esperanza: ¡No! ¡Vamos a aplaudir! 7

Detente a pensar

7 ¿En qué se diferencian la solista y el violinista?

La solista y el violinista se diferencian en que ____________

____

____

Maestros: Leer en voz alta

Pensamiento crítico

1. ¿Cómo crees que se sienten los integrantes de la orquesta al momento en que comienza el concierto? **PERSONAJES**

Al comenzar el concierto, pienso que los integrantes de la orquesta se sienten ______________

____

2. ¿Cuáles son algunas de las cosas que se necesitan para dar una buena función? **SACAR CONCLUSIONES**

Algunas de las cosas que se necesitan para dar una buena función son: ______________

____

3. ¿Cuál es la idea principal de esta obra teatral? **IDEA PRINCIPAL Y DETALLES**

La idea principal de esta obra teatral es ______________

____

____

ausencia

escasea

flota

permanentemente

refugio

tenue

Vocabulario

Desarrollar un vocabulario rico

Escribe la palabra del vocabulario que complete cada oración. La primera ya ha sido completada como ejemplo.

En la Antártida hay una capa de hielo que nunca se descongela. Esta capa cubre **(1)** ___permanentemente___ la tierra, incluso durante el verano. De hecho, la Antártida es un desierto congelado.

A finales del otoño, la luz ya es tan **(2)** ______________________ , que no logra generar calor. La mayoría de los animales comienza entonces a huir del crudo invierno que se avecina. En el invierno hay una **(3)** ______________________ total de luz. Está oscuro todo el tiempo.

Cuando llega la primavera, el océano se enriquece con una capa de plantas que **(4)** ______________________ en la superficie. Los animales marinos regresan a la Antártida en busca de ese alimento.

Los petreles nevados son pequeñas aves blancas. Llegan a la Antártida a principios del verano en busca de **(5)** ____________________ . Hacen sus nidos en lugares seguros, de difícil acceso. Pero, como en la Antártida la vegetación **(6)** ____________________ , hacen sus nidos con piedras pequeñas.

Escribe las respuestas de las siguientes preguntas. Responde con oraciones completas.

7. ¿Por qué crees que los petreles nevados hacen sus nidos en lugares de difícil acceso?

____

____

8. ¿Por qué crees que escasea la vegetación en la Antártida? ______________________________

____

____

AVES NEVADAS

por Nancy Furstinger

La Antártida es el lugar más frío del planeta. La temperatura puede descender hasta menos 100 grados Fahrenheit. Aquí llueve o nieva muy poco. El aire y el suelo son muy secos. Una capa de hielo cubre permanentemente la tierra. De hecho, la Antártida es un desierto congelado.

En el hemisferio sur, el invierno comienza en junio. Durante esa estación del año hay una ausencia total de luz. Sólo sabemos que es de día al ver el reloj. ¡Está oscuro todo el tiempo! **1**

Detente a pensar

1 ¿Qué sabes de la Antártida hasta ahora?

Hasta ahora sé que la Antártida ________________________

____

____

A finales del otoño, la luz es tan tenue que no logra generar ya calor. La mayoría de los animales huye en busca de luz y alimento. Sólo unos cuantos animales se quedan en tierra firme a pasar el invierno antártico. Uno de ellos es un insecto. Es una especie de mosca pero ¡sin alas!

La primavera inicia en septiembre. Los días se van haciendo más largos día a día. Los rayos solares calientan el agua marina. Entonces, una capa de plantas diminutas enriquece el océano. Esa capa flota en la superficie para absorber la luz del sol. Unos animales muy pequeños llegan por millones para alimentarse de esas plantas. Son los krill. Los peces se alimentan de ellos y también de las plantas. A su vez, las focas, las ballenas y las aves se alimentan de los peces, los krill y las plantas. ¡Es la cadena alimenticia! **2**

Detente a pensar

2 ¿Por qué la mayoría de los animales no pasa el invierno antártico en tierra firme?

Esos animales no pacan el invierno antártico en tierra firme porque ______________________________

____

A medida que la primavera avanza, más animales llegan a la Antártida. Diferentes tipos de focas nadan en las aguas heladas de la costa. Se alimentan de krill y peces. Muy pronto nacerán sus crías en plena playa.

También muchas aves llegan hasta aquí a hacer sus nidos. Algunas de ellas no pueden volar, pero son excelentes nadadoras. Otras se deslizan sobre la nieve. Todas empollarán sus huevos en tierra firme.

El verano llega en diciembre, y también las ballenas. Al igual que los otros animales marinos, llegan hasta aquí en busca del abundante krill. Después se irán al norte para tener a sus ballenatos en aguas más tibias. Pero por ahora, éste es un estupendo sitio para alimentarse. 3

Detente a pensar

3 ¿Cómo se mueven algunas aves en el hielo?

Algunas aves se mueven en el hielo ______________________

____

____

Muchas aves voladoras llegan a la Antártida en el verano, cuando el océano está repleto de peces. Entre comida y comida, vuelan sobre la costa para hacer sus nidos.

Una de estas aves es el petrel. Es como una gaviota marina. Sus fuertes alas le permiten volar grandes distancias. Su grueso plumaje y sus patas en forma de aleta le facilitan vivir en la nieve. La mayoría de las aves no tiene sentido del olfato. Los petreles son la excepción. ¡Pueden oler su alimento desde muy lejos! 4

Detente a pensar

4 ¿Con qué cuentan los petreles para sobrevivir en la Antártida?

Para sobrevivir en la Antártida, los petreles cuentan con

___

___

Los petreles nevados son más pequeños que los demás petreles. Son casi del tamaño de un ruiseñor. Su plumaje es tan blanco como la nieve. Así se confunden con el paisaje en rededor. Sólo sus picos, ojos y patas sobresalen en medio de su blancura. Aun así, su camuflaje es perfecto. Cuando vuelan, ¡aletean como murciélagos! **5**

Detente a pensar

5 ¿Qué aprendiste aquí sobre los petreles nevados?

Aquí aprendí que los petreles nevados ______________________

____

____

Los petreles nevados son muy tímidos. Si alguien los incomoda, sólo se alejarán volando. Pero si alguien los toma por sorpresa, y se les acerca demasiado, le darán al intruso una desagradable sorpresa. ¡Escupirán directo a él un líquido que huele muy mal!

Cuando esta ave busca alimentos, vuela muy cerca de la superficie marina. Espía a su presa desde el aire y, cuando cree poder atraparla, se lanza al mar como un dardo. Después de comérsela, se revuelca en la nieve para quitarse la sal marina de su plumaje. **6**

Detente a pensar

6 ¿Qué hacen los petreles nevados después de que atrapan y se comen a su presa?

Después de atrapar y comerse a su presa, los petreles nevados ______________________

____

Cuando un petrel nevado encuentra pareja, juntos hacen el nido. Buscan un lugar seguro que les sirva de refugio contra los predadores. Y, como la vegetación escasea en la Antártida, los petreles nevados hacen su nido con piedras pequeñas.

La petrel nevada pone un solo huevo. Casi seis semanas después, el pichón rompe el cascarón. Crece muy aprisa. En tan sólo siete semanas ya estará listo para desplegar sus alas y ¡volar! Para mantenerse a salvo, no se alejará del cielo antártico en los siguientes veinte años. ¡A excepción del invierno, claro! 7

Detente a pensar

7 ¿Por qué los petreles nevados hacen sus nidos con piedras pequeñas?

Los petreles nevados hacen sus nidos con piedras pequeñas porque ______________________________

____

Maestros: Leer en voz alta

Pensamiento crítico

1. ¿Qué pasos sigue el petrel para hacer su nido y empollar su huevo? Dibuja la siguiente gráfica en un cuaderno y complétala. **SECUENCIA**

Cada petrel encuentra a su pareja.

↓

______

↓

______

↓

______

2. ¿En qué se parecen las focas y las aves antárticas? ¿En qué se diferencian? **COMPARAR Y CONTRASTAR**

Las focas y las aves marinas se parecen en ______

______

______

Las focas y las aves marinas se diferencian en

______

______

3. ¿Por qué los petreles nevados no pasan el invierno en la Antártida? **IDEA PRINCIPAL Y DETALLES**

Los petreles nevados no pasan el invierno en la Antártida porque ______

______

detalle

dormita

fácil

nocturnas

revolotea

vuelo

Vocabulario

Desarrollar un vocabulario rico

Escribe la palabra del vocabulario que complete cada oración de las tarjetas postales. La primera ya ha sido completada como ejemplo.

Querido Marcos:

¡Observar a los búhos es muy divertido! Esta tarjeta postal muestra un búho mientras **(1)** revolotea entre los árboles. Busca una presa para cenar. Para poder verlos, he tenido que desvelarme. Los búhos son aves **(2)** ______________ . Bueno, no te desvelo más.

Tu amigo,

Esteban

Marcos Carrasco
1456 Palomino St.
Broomall, PA 19008

Querido Marcos:

Anoche, un búho intentó cazar un zorrillo. Su **(3)** ______________________ fue perfecto a pesar de la oscuridad. A nosotros nos costó más trabajo ver al búho que a éste a su presa. Le fue muy **(4)** ______________________ llegar hasta él. Pero al zorrillo le fue más sencillo alejarlo con su mal olor. Así que el búho se quedó sin cenar.

Ojalá estuvieras aquí con nosotros. Estoy seguro de que te divertirías también mucho.

Tu amigo en el mundo salvaje,

Esteban

Marcos Carrasco
1456 Palomino St.
Broomall, PA 19008

Querido Marcos:

Me quedé despierto hasta muy tarde ayer. Necesito descansar un poco antes de mi próxima aventura nocturna. Mi papá ya está cansado también. Durante el día **(5)** ______________________ y todo el tiempo está bostezando.

Hay muchas cosas más que platicar. Cuando llegue a casa, compartiré contigo cada **(6)** ______________________ de este viaje.

Hasta pronto,

Esteban

Marcos Carrasco
1456 Palomino St.
Broomall, PA 19008

Leones voladores

por Nancy Furstinger
ilustrado por Patrick Gnan

La noche resplandece. "¿Quién está despierto?", un búho parece preguntar con su canto peculiar. Él mismo se responde: "¡Yo, sí!". Se despabila en su pedestal, ubicado en la rama más alta de un árbol. Agita sus alas, listo para cazar.

Estas aves formidables son nocturnas. Duermen durante el día y se despiertan al caer la noche. Sus agudos ojos y oídos los ayudan a atrapar sus presas en la oscuridad. 1

Detente a pensar

1 ¿Cuándo duermen las aves nocturnas? ¿Cuándo permanecen despiertas?

Las aves nocturnas duermen ______________________________

Las aves nocturnas permanecen despiertas ______________________________

El búho escucha a otros búhos respondiendo a su llamado. Emprende su vuelo desde lo alto del árbol. Avanza en el aire cautelosamente, en total silencio. Es como un león volador.

Sus alas se extienden hasta 60 pulgadas de punta a punta. Sus delicadas plumas cafés tienen lunares oscuros. Estos colores lo ayudan a confundirse con las cortezas de los árboles durante el día, cuando duerme. En su cabeza, las plumas formas pequeñas puntas que dan la apariencia de ser orejas o cuernillos.

Los ojos de esta clase de búhos son amarillos. Siempre están mirando al frente. Para ver a los lados, el búho debe voltear su cabeza. Si sube y baja su cabeza, es porque intenta localizar algún sonido. Puede escuchar a un ratón que corre bajo la nieve ¡a doce pulgadas de profundidad! 2

Detente a pensar

2 ¿Con qué animal compara la autora al búho? ¿Por qué?

La autora compara al búho con ______________________

____

____

El búho planea suavemente y, de repente, da un giro. Sus agudos ojos y oídos han localizado un zorrillo. El león volador pliega sus potentes alas sobre su espalda. Saca sus garras mientras desciende. Avanza tan rápido como un rayo.

El búho le da al zorrillo el susto de su vida. Pero éste se voltea y levanta su cola. Lo rocía con una sustancia pestilente. El búho y el zorrillo huyen al mismo tiempo. En direcciones opuestas, por supuesto. **3**

Detente a pensar

3 ¿Qué hace el zorrillo cuando el búho lo alcanza?

Cuando el búho alcanza al zorrillo, éste ______________________

____

____

El búho sabe ahora que no es nada fácil cenar zorrillo. Le molesta sólo el rocío que lo cegó momentáneamente. Para su fortuna, los búhos no tienen un sentido del olfato tan desarrollado como los de su oído y vista.

Ahora, el búho se dirige hacia un lago. Desde el aire ve un pez cerca de la superficie. El búho revolotea sobre el agua. Cuando está seguro de poder atrapar a su presa, mete sus garras en el agua con precisión. Sujeta al pez fuertemente. Luego se lo traga con un solo mordisco.

Horas después de haber cenado, el búho escupe una masa blancuzca. Son las espinas molidas del pescado. Estos escupitajos pueden contener piel, huesos y dientes. Cada detalle de estos escupitajos revela qué se ha cenado un búho.

¡Otro pez a la vista! El búho vuelve a pescarlo con sus potentes garras. Sin embargo, no se cenará a éste. Lo ha pescado para alimentar a alguien más. 4

Detente a pensar

4 ¿Cómo puedes saber lo que se ha cenado un búho?

Puedo saber lo que se ha cenado un búho ______________________

____

____

El búho sujeta firmemente el pescado con sus garras. Chilla una y otra vez mientras vuela. Busca a la afortunada que también cenará pescado esta noche.

Al fin ella le responde. Él va directo al agujero de un árbol. Era la casa de una ardilla, pero ahora es el nido de esta familia de búhos. Allí, la madre empolla dos huevos. Con su calor, los polluelos crecerán hasta que sean capaces de romper el cascarón.

El búho le da el pescado a la madre. Ella se lo come deprisa y luego vuela lejos del nido. Ha llegado su hora de cazar. Mientras tanto, bajo el resplandor de la luna llena, el papá búho se lleva una sorpresa deliciosa. ¡Los polluelos están a punto de nacer! 5

Detente a pensar

5 ¿Qué hará el papá búho mientras la mamá búho está fuera cazando?

Mientras la mamá búho está fuera cazando, el papá búho ____

El amanecer se aproxima. La pareja de búhos descubre un zorro al acecho. Está demasiado cerca. El papá búho saca sus garras y se lanza sobre él. El zorro huye aullando de miedo.

El sol destella en el horizonte. El búho **dormita**, agotado. Pero ni él ni su pareja descuidan el nido. Bajo sus cuerpos tibios, los polluelos siguen rompiendo el cascarón. Poco después, los chirridos de éstos despiertan del todo a sus padres. Están hambrientos. Sus chillidos suenan como flautas desafinadas. Los padres se turnan para cuidarlos. Ahora deberán cazar de día y de noche. 6

Detente a pensar

6 ¿Qué pasa después de que el búho descubre al zorro?

Después de descubrir al zorro, el búho ______________________

____

____

Han pasado ya nueve semanas. Esta noche, el par de búhos pequeños intentará volar por primera vez. La familia completa sale del nido. El vuelo de los búhos pequeños es muy breve. Vuelan hasta una rama cercana. Se sujetan de ella con fuerza.

Cada vez que vuelvan a volar, estos jóvenes búhos llegarán más alto y lejos. En el otoño, ni sus propios padres podrán ya alcanzarlos. Entonces, desde sus respectivas ramas, preguntarán con su canto peculiar: "¿Quién está despierto?" **7**

Detente a pensar

7 ¿Cuándo abandonarán el nido los jóvenes búhos?

Los jóvenes búhos abandonarán el nido cuando ______________

____

____

Maestros: Leer en voz alta

Pensamiento crítico

1. ¿Por qué un búho nocturno tendría que cazar durante el día? **SACAR CONCLUSIONES**

Un búho nocturno tendría que cazar durante el día porque ______________________________

____

2. ¿Qué hacen los búhos para atrapar un pez? Dibuja la siguiente gráfica en un cuaderno y complétala. **SECUENCIA**

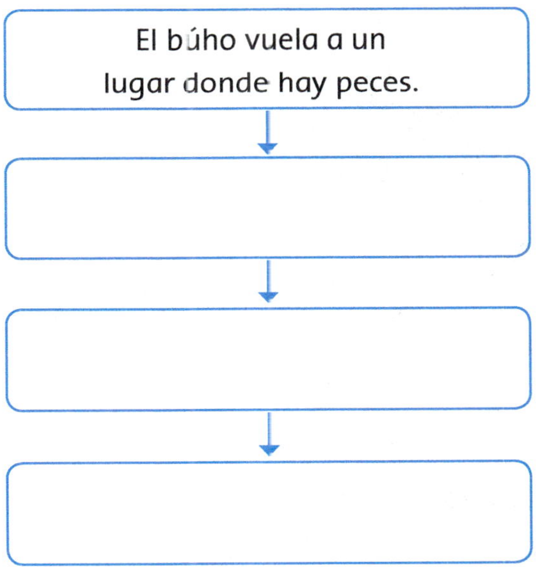

3. ¿Qué detalles te muestran en la lectura que los búhos son buenos padres? **IDEA PRINCIPAL Y DETALLES**

Estos detalles me indican que los búhos son buenos padres: ______________________________

____

afición

deshonra

emoción

heredará

honesto

ridícula

Vocabulario

Desarrollar un vocabulario rico

Lee el cuento y piensa en el significado de las palabras resaltadas con letras más oscuras.

El pueblo de El Naranjo tenía fama de ser muy **honesto**. Todos sus habitantes vivían con la conciencia tranquila. Además, se saludaban con sincera **emoción** unos a otros. Al mismo tiempo, tenían una gran **afición** por las naranjas. Estas frutas crecían por doquier.

Un día, la reina quiso saber quién de ellos podría producir la naranja más grande jamás vista. "El ganador **heredará** todas mis riquezas", declaró ella. La convocatoria era **ridícula**. Sin embargo, los aldeanos no volvieron a ser los mismos desde entonces. De hecho, ese concurso sería su mayor **deshonra**. En lugar de sonreírse y saludarse, comenzaron a traicionarse unos a otros.

Escribe la palabra del vocabulario que complete cada oración. La primera ya ha sido completada como ejemplo.

1. A los habitantes de El Naranjo les encantaban las naranjas. Tenían una gran **(1)** ___**afición**___ por ellas.

2. Antes del concurso, los aldeanos se saludaban unos a otros con sincera **(2)** ______________.

3. El ganador del concurso será inmensamente rico. La reina le **(3)** ______________ todas sus riquezas.

4. La convocatoria del concurso no tenía sentido. De hecho, era ______________.

5. Los aldeanos no compitieron de buena manera. Su proceder fue una ______________ para ese pueblo.

6. Los aldeanos solían ser buenos vecinos. Hasta antes del concurso, El Naranjo tenía fama de ser muy ______________.

Un concurso para tontos

por Nancy Furstinger
ilustrado por Robert Byrd

Bienvenido a El Naranjo. Éste es un pueblo muy apacible que se ubica en lo alto de una montaña. Tiene fama de ser muy honesto. Todos sus habitantes viven con la conciencia tranquila. Se saludan unos a otros con una amplia sonrisa. Mejor aún, suelen ayudarse mutuamente.

El Naranjo no tiene este nombre en balde. Todoslos aldeanos tienen una gran afición por las naranjas. Los naranjos crecen por doquier. Los hay en puentes y también en escuelas. Los hay en las aceras y en los bordes de los caminos. De hecho, cada familia tiene un árbol en su jardín. 1

Detente a pensar

1 ¿Cómo puedes saber que El Naranjo es un pueblo apacible?

Sé que El Naranjo es un pueblo apacible porque ________________

____

____

Los aldeanos disfrutan las naranjas de distintas maneras. Doña Gloria les regala a sus vecinos vasos enormes de jugo. Don Jorge hace un flan como para chuparse los dedos. La señorita Méndez entrena a su perro Duende y a otras mascotas. Y ¿qué tienen que ver aquí las naranjas? ¡Siempre usa gajos de naranja para recompensar a sus animalitos! A estos aldeanos les encanta compartir todo lo que tienen. Su lema es: "No estiremos nuestros cuellos para pedir, sino sólo para dar." **2**

Detente a pensar

2 ¿De qué formas consumen los aldeanos las naranjas?

Los aldeanos consumen las naranjas ______________________

____

____

Un día, un hermoso barco pasó bajo el puente. Los aldeanos corrieron al muelle. Todos se arremolinaron en torno al extraño que descendía del barco. Debía ser un enviado de la reina. Lo supieron por las medallas y joyas que cubrían su pecho. Los aldeanos inclinaron sus largos cuellos en señal de respeto.

—Mis queridos súbditos de El Naranjo, vengo a anunciarles que la reina los convoca a un concurso —declaró el mensajero—. Su Majestad desea ver quién de ustedes es capaz de hacer crecer la naranja más grande jamás vista. El ganador heredará todas sus riquezas. Dentro de exactamente tres meses, regresaré para dar a conocer al ganador. ¡Que comience el concurso! 3

Detente a pensar

3 ¿En qué se diferencia el mensajero de los aldeanos?

Éstas son algunas diferencias entre el mensajero y los aldeanos: ______________________

____

Al principio, los aldeanos se burlaron del concurso. Pero poco después comenzaron a soñar despiertos. Cada uno pensaba en todo lo que podría hacer con el tesoro de la reina. La señorita Méndez soñó con comprarle un collar de perlas a Duende. Don Jorge deseó tener un carro deportivo con un motor súper potente. Doña Gloria pensó en lo bonito que sería vivir en una casa con piscina y quince alcobas. Fue así como todos comenzaron a ocultar sus naranjas. Planeaban a solas cómo ganar el concurso. 4

Detente a pensar

4 ¿Qué crees que sucederá a continuación?

Pienso que a continuación ______________________

____

____

El ambiente del pueblo cambió rápidamente. Los aldeanos se pasaban la mayor parte del tiempo con sus cuellos metidos en sus naranjos. La señorita Méndez colocó una enorme jaula en torno al suyo. Otros se apostaron día y noche bajo sus naranjos. Don Jorge exigió que nadie se atreviera a acercarse a su jardín. Doña Gloria llegó más lejos: cercó con alarmas y trampas su casa. Su proceder era una verdadera deshonra para ese pueblo. Nadie estiraba más su cuello para dar. ¡Todos ansiaban recibir el premio de la reina! 5

Detente a pensar

5 ¿Por qué cambió el ambiente de El Naranjo?

El ambiente de El Naranjo cambió porque ______________________

____

____

Una mañana se dejó oír un grito escalofriante:

—¡Auxilio! ¡Mi Duende se acaba de caer en la barranca! —lloraba la señorita Méndez.

Los aldeanos se estremecieron al oír su clamor. Todos acudieron a su llamado. Una vez en la barranca, sujetaron a don Jorge para que hiciera descender su cuello sin riesgo de caerse. Así, éste pudo sujetar a Duende por la nuca. Segundos después, lo puso sano y salvo en manos de su dueña.

—¡Imagínense! ¡Pude haber perdido a mi pequeño Duende! —dijo la señorita Méndez con sincera emoción.

Los aldeanos asintieron con sus largos cuellos. Nadie se atrevía a hablar. 6

Detente a pensar

6 ¿Cómo logra Duende que los aldeanos se reúnan de nuevo?

Duende logra que los aldeanos se reúnan de nuevo cuando ____________________

____

De pronto, don Jorge gritó a los cuatro vientos:

—¡La convocatoria de la reina es ridícula! ¡No hay mejor premio que nuestra amistad!

Al oírlo, los aldeanos corrieron a sus árboles. Pero ahora para recolectar sus naranjas. Con ellas organizaron un gran festín. Se estaban divirtiendo tanto, que no escucharon llegar al mensajero de la reina.

—¿Dónde están las naranjas competidoras? —les reclamó—. ¡Muéstrenme una sola naranja al menos!

Los aldeanos no decían nada. Sólo se relamían la boca por el banquete que se habían dado.

—Sin competidores no puede haber ganador. ¡He dicho! —dijo el mensajero y luego se fue.

Los aldeanos estaban felices, sin embargo. Todos se sentían ganadores, justamente porque habían dejado de competir entre unos y otros. 7

Detente a pensar

7 ¿Qué crees que la autora piensa acerca de la amistad?

Creo que, acerca de la amistad, la autora piensa que ______

______

______

Pensamiento crítico

1. ¿Qué pasa cuando no queda ni una sola naranja para competir en el concurso de la reina? Dibuja la siguiente gráfica en un cuaderno y complétala. CAUSA Y EFECTO

Causa	Efecto
No hay más naranjas para competir.	

2. Nadie gana el concurso. ¿Por qué los aldeanos sienten que ganaron de todos modos? INFERIR

Los aldeanos sienten que ganaron porque

____

____

3. ¿Por qué el lema del pueblo es importante para el cuento? TRAMA

El lema del pueblo es importante para el cuento porque

____

____

abarrotada

comentario

cubierta

gesto

mencionó

nerviosa

Vocabulario

Desarrollar un vocabulario rico

Escribe la palabra del vocabulario que complete cada oración en el diario. La primera ya ha sido completada como ejemplo.

Domingo

Esta mañana mi cama estaba toda **(1)** ___**cubierta**___ de cosas. Había esperado que Papá no se diera cuenta del desorden. Pero esto fue lo primero que **(2)** ________________ cuando entró a mi cuarto. Eso es lo que los papás hacen siempre, ¿no?

Le expliqué que la maestra nos había pedido algo muy personal para hablar de ese objeto en clase. Estaba decidiendo qué cosa llevar. Papá me sugirió que me pusiera mi "sombrero para pensar" a ver si así me decidía al fin. Era una brillante idea, pero me sentí más **(3)** ________________ al escucharlo. Es que... ¡había pasado toda la mañana buscando justamente ese sombrero y aún no podía encontrarlo!

Papá tiene razón: debo mantener en orden mi cuarto.

Me costó mucho trabajo encontrar mi sombrero. Me desesperé tanto que llegué a olvidar qué estaba buscando. Volví a darle la razón a Papá por haber hecho ese **(4)** ____________________ sobre el desorden de mi cuarto. ¡Qué horror!

Finalmente encontré mi sombrero. Estaba en el fondo de una caja **(5)** ____________________ de juguetes y estampas. Pero la búsqueda ¡valió la pena! Por fin decidí qué voy a enseñarles a mis compañeros de clase. ¡Voy a llevar a Orejón! Apenas lo decidí, él me miró con un **(6)** ____________________ intrigado. "No te preocupes, Orejón, todo saldrá bien", le prometí.

¡Muéstralo y coméntalo!

por Nancy Furstinger
ilustrado por John Bendall-Brunello

Estela se puso su sombrero, el que su familia llamaba el "sombrero para pensar de Estela". Era un sombrero anticuado. Su tela verde estaba abarrotada de flores multicolores. ¡Parecía un jardín sobre su cabeza!

—¿Está funcionando? —le preguntó Papá.

Estela asintió moviendo el amplio sombrero de arriba abajo. Siempre que lo usaba se le ocurría algo. Ahora le ayudó a decidir qué iba a mostrar y comentar en clase. Su maestra les había pedido que llevaran algo muy personal para la clase de "¡Muéstralo y coméntalo!"

Estela tomó sus tarjetas de apuntes. Escribió con mucho cuidado sus ideas en ellas. No quería olvidar una sola. Después, le llamó a su mejor amiga, Delia. Le leyó lo que había escrito, esforzándose por no reírse antes de terminar. (1)

Detente a pensar

(1) ¿Qué hace Estela cuando necesita una buena idea?

Cuando necesita una buena idea, Estela ______________________

____

____

La mañana siguiente, Estela abordó el autobús escolar. Sabía que Juan *El Chistoso* no resistiría hacer una broma sobre la bolsa que llevaba con ella. Él le echó un vistazo malicioso en efecto, pero evitó hacer cualquier **comentario** al ver el ceño fruncido de Estela.

Antes de que comenzara la clase, Estela deslizó la bolsa de viaje debajo de su pupitre.

—¡Qué alivio! —le dijo a Delia—. Nadie **mencionó** nada sobre mi bolsa en el autobús. ¡Ni siquiera El Chistoso!

Luego se puso a mirar por la ventana hasta que la Sra. Nieto dio un par de palmadas.

—"¡Muéstralo y coméntalo!" va a comenzar. ¿Quién quiere pasar primero? 2

Detente a pensar

2 ¿Qué es lo primero que Estela hace antes de comenzar la clase?

Lo primero que Estela hace antes de comenzar la clase es

____

____

Un ramillete de manos se agitó en el aire. Néstor mostró y comentó su colección de caracoles. Miguel llevó la bicicleta de juguete que le habían regalado en su cumpleaños. Delia pasó al frente con una cometa en forma de rana.

—Estela, me parece que sigues tú —dijo la Sra. Nieto.

Estela pasó al frente con su bolsa de viaje. La puso sobre la mesa cubierta de hojas y caracoles.

—Yo traje a Orejón —comenzó diciendo—. Algún día va a ser una estrella de televisión. Hoy, Orejón hará unos trucos para todos ustedes.

Luego, abrió la bolsa con sumo cuidado. Dos largas orejas aparecieron de repente. Toda la clase exclamó con gesto de sorpresa. 3

Detente a pensar

3 ¿Qué crees que Estela lleva en su bolsa de viaje?

Pienso que Estela lleva ______________________

____

____

Después apareció una nariz inquieta. De un solo brinco, Orejón llegó hasta el piso. De inmediato comenzó a patalear el suelo.

—¡Qué conejo más hermoso! —exclamó la Sra. Nieto—. ¡Muéstranos esos trucos, por favor!

—¡Saltará si le muestran un dulce! —gritó Delia.

Estela sacó una caja de dulces. Le mostró uno a Orejón desde arriba. El conejo se paró sobre sus patas traseras y dio un brinco. Luego, comenzó a correr alrededor de la silla de ruedas de Estela. Terminó su truco con un salto que lo depositó justo en las piernas de su dueña. **4**

Detente a pensar

4 ¿Qué truco hace Orejón en la clase de Estela?

En la clase de Estela, Orejón ______________________

____

____

Orejón metió su nariz en la caja de dulces. Con sus dientes, agarró tres de los más grandes.

—¡Pequeño ladronzuelo! ¿Qué haces? —lo regañó Estela.

—¡Déjalo! ¡Se merece su premio! —le rogó Miguel.

—Sólo estaba bromeando —explicó Estela—. Todo es parte de la función. Mi papá ya lo filmó bailando. Vamos a inscribirlo en el Concurso de la Mejor Mascota. El ganador protagonizará un programa de televisión y...

No pudo seguir. El Chistoso se burlaba justo a su lado.

—No sabía que los burros podían ser mascotas... —susurraba entre risas.

Estela se sintió muy nerviosa. La caja de dulces resbaló de sus manos sudorosas. 5

Detente a pensar

5 ¿Por qué crees que El Chistoso compara al conejo con un burro?

Pienso que El Chistoso compara al conejo con un burro porque ______________________________

____

Los dulces rodaron por todos lados. Orejón desapareció en un abrir y cerrar de ojos.

—¡Orejón, regresa! ¡La función ya terminó! —Estela llamó a su mascota.

Orejón corría zigzagueando. En busca de los dulces, fue a dar al rincón donde estaban los zapatos deportivos. Orejón los olió. Enseguida se llevó sus patas delanteras a la cara para cubrirse la nariz.

Toda la clase se quedó en silencio. Estela se sintió avergonzada. Se le hizo un nudo en la garganta. 6

Detente a pensar

6 ¿Qué hace Orejón después de que huele los zapatos deportivos?

Después de oler los zapatos deportivos, Orejón ____________

____

____

Un sonido burbujeante rompió el silencio. La Sra. Nieto se reía. Un segundo después, toda la clase empezó a reírse también. El Chistoso se reía más fuerte que todos.

—Lo siento, Estela —dijo él entre risas—. La verdad es que ése fue el mejor acto de mascotas que he visto en mi vida. Estoy seguro de que Orejón ganará el concurso.

Estela acarició la suave piel de su conejo mientras sus compañeros salían a almorzar.

—Lamento que hay ocurrido esto, señora Nieto —dijo Estela—. Orejón y yo nunca habíamos perdido el control en plena función.

—No tienes por qué sentirte mal —respondió la maestra—. ¡Las mejores funciones están llenas de imprevistos! 7

Detente a pensar

7 La Sra. Nieto dice que las mejores funciones están llenas de imprevistos. ¿Por qué esto es una opinión?

Esto es una opinión porque ______________________________

____

Maestros: Leer en voz alta

Pensamiento crítico

1. ¿Qué hizo Orejón cuando Estela dejó caer la caja de dulces? Dibuja el siguiente cuadro en un cuaderno y complétalo.
CAUSA Y EFECTO

Causa	→	Efecto
Estela deja caer la caja de dulces	→	

2. ¿Por qué crees que Estela le enseñó a Orejón a hacer trucos?
MOTIVACIONES DE LOS PERSONAJES

Pienso que Estela le enseñó a Orejón a hacer trucos porque ______________________________

____

____

3. ¿Cuál es el problema que plantea el cuento? ¿Cómo se resuelve? **TRAMA**

El problema del cuento es ______________________________

____

El problema se resuelve ______________________________

____

- amplio
- asombrados
- funcional
- habitantes
- requieren
- responsabilidad

Vocabulario

Desarrollar un vocabulario rico

Escribe la palabra del vocabulario que complete cada oración. La primera ya ha sido completada como ejemplo.

1. Un perro robot cuenta con un ____**amplio**____

amplio **funcional** **asombrado**

número de cables, tornillos y piezas metálicas.

2. Algo muy positivo de los perros robot es

que no ______________________ comida ni agua.

heredan **critican** **requieren**

3. Para ser ______________________ , un perro robot

amplio **funcional** **ridículo**

sólo necesita aceite y combustible.

4. Como dueña de un perro robot, Abril tiene la ______________________

deshonra carga responsabilidad

de vigilar que funcione correctamente.

5. En Torre Escarpada no hay ______________________ .

habitantes comentarios consejos

Salvo Cosme, Abril y Solito, nadie más debería estar ahí.

6. Cosme y unos paseantes se quedan ______________________ al zarpar.

adormilados asombrados curiosos

¡Un perro robot es capaz de navegar un vehículo acuático!

Escribe las respuestas de las siguientes preguntas. Responde con oraciones completas.

7. ¿Qué requiere un perro robot para ser funcional?

____

____

8. ¿Qué responsabilidades tiene un perro robot?

____

____

Solito

por Nancy Furstinger
ilustrado por Joe Lacey

Personajes

Narrador
Abril
Cosme
Solito
Tina

Narrador: Esta historia transcurre en el año 2050, a bordo del súper vehículo acuático de Abril, el *Fortuna*.

Abril: ¡Hola, Cosme! ¡Mira lo que acabo de inventar!

Cosme: Se ve como un perro de juguete.

Abril: Es Solito, el primer perro robot del mundo.

Solito: ¡Oinc, oinc!

Abril: Bueno, aún necesito hacerle algunos ajustes. ¿Por qué no vienes con nosotros a dar un paseo en el *Fortuna*?

Cosme: Está bien. Creo que me divertiré mucho viendo funcionar a Solito. (1)

Detente a pensar

(1) ¿Cuál es uno de los problemas que Abril tiene que arreglarle a Solito?

Uno de los problemas que Abril tiene que arreglarle a Solito es ____________________

____

Cosme: ¿Por qué inventaste un juguete... quiero decir un perro robot? ¿No crees que ya nos basta con los perros de verdad?

Abril: Solito es mucho mejor que ellos.

Narrador: El perro robot le lleva a Abril su sombrero texano. Luego aparenta lamerle la mano.

Solito: Solito ama a Abril.

Cosme: No sé, Abril. Los perros de verdad requieren de mucho cuidado, pero son muy cariñosos. Un perro robot puede contar con un amplio número de cables, tornillos y piezas metálicas. Cierto, pero jamás podrá igualar a un perro de verdad.

Abril: No tan aprisa. ¡Dile algo más de ti, Solito!

Solito: Solito funciona sólo con aceite y combustible. Olvídese de la comida y el agua.

Cosme: Bueno, si no debes limpiar el pasto cuando llevas a Solito al parque, creo que tu invento puede ser muy funcional. Viéndolo así, un perro robot sí *podría* ser una buena mascota. 2

Detente a pensar

2 ¿Por qué Solito no necesita comida ni agua?

Solito no necesita comida ni agua porque ______________________

____

____

Abril: ¡Vayamos pues a dar un paseo! En el trayecto te mostraré otras razones que hacen de Solito la mascota ideal.

Narrador: Solito se pone la gorra de capitán y comienza a conducir el vehículo acuático. Cosme y algunos paseantes del muelle se quedan asombrados al verlo zarpar.

Cosme: ¡Esto sí que es asombroso! ¿De verdad Solito está navegando solito?

Solito: Por eso me llamo así. Solito puede controlar solo una flota completa.

Abril: Sólo debo apretar un botón para indicarle a donde queremos ir. ¡Mira!

Narrador: En el lomo de Solito hay un tablero que tiene varios botones. Abril oprime el que dice "Torre Escarpada".

Cosme: ¡Increíble! A mucha gente le encantaría tener un perro robot como éste. Juntos podemos fabricarlos. ¿Cómo cuánto crees que deberíamos invertir para empezar la producción en serie de estos perros robot?

Abril: ¡Hagamos números! 3

Detente a pensar

3 ¿Qué hace Abril después de que Solito comienza a conducir el vehículo acuático?

Después de que Solito comienza a conducir el vehículo acuático, Abril ______________________________

____

Narrador: Mientras ambos hacen cuentas, el vehículo acuático acelera más y más. De pronto, el mar comienza a picarse con fuertes olas.

Cosme: Solito, más despacio, por favor. Me estoy mareando...

Narrador: Solito reduce la velocidad al mínimo. Pocos minutos después, detiene el vehículo acuático frente a una playa.

Cosme: Esto no es Torre Escarpada. Es Risco Rocoso. Creo que Solito erró el rumbo.

Solito: Solito cometió un error.

Narrador: Solito conduce el *Fortuna* en otra dirección. Poco después, llegan a otro sitio.

Abril: ¡Solito, aquí es Playa Pedregosa!

Solito: ¡Oinc, oinc! Les ruego me disculpen. 4

Detente a pensar

4 ¿Qué pasa antes de que el *Fortuna* llegue a Playa Pedregosa?

Antes de llegar a Playa Pedregosa, el Fortuna ______________________

____

____

Abril: Como dueña de Solito, tengo la responsabilidad de vigilar que funcione bien. Necesito repararlo antes de que fabriquemos más perros robot.

Cosme: Tienes razón. Dejemos que lo intente una vez más.

Narrador: En esta ocasión, el *Fortuna* llega finalmente a su destino. Todos bajan en la playa de Torre Escarpada.

Cosme: Bueno, ¡aquí estamos por fin! Creo que seguiré prefiriendo a los perros de verdad porque...

Abril: Deja que te muestre los simpáticos trucos que Solito es capaz de hacer. Por ejemplo...

Cosme: ... uno no sabe a qué atenerse con un perro robot.

Abril: ... ¡puede lanzar una pelota y atraparla él mismo! 5

Detente a pensar

5 ¿Qué podría pasar si Abril comienza a fabricar más perros robot ahora?

Si Abril comienza a fabricar más perros robot ahora, ______

______

______

Narrador: Solito saca una pelota de su compartimiento. ¡Pero no lo hace con su hocico! ¡Sino con sus patas!

Solito: ¿Quieren que Solito lance la pelota a la izquierda o a la derecha? ¿Más rápido o más despacio? ¿Al norte o al sur?

Cosme: Esto sí que es decepcionante. Lo más divertido de jugar con un perro es justamente que uno le lanza la pelota.

Abril: No le hagas caso, Solito. ¡Sólo lanza la pelota y diviértete tú solo!

Narrador: Solito lanza la pelota a lo lejos. Enseguida corre veloz y ¡la atrapa él mismo en el aire!

Solito: Ejercicio completado.

Abril: Me pareció oír algo. Aquí no hay habitantes. Se supone que sólo nosotros debíamos estar aquí.

Cosme: Escucho unos gritos y... ¡unos ladridos! 6

Detente a pensar

6 Cuando Solito juega a la pelota, ¿en qué sí se parece a los perros de verdad?

Cuando juega a la pelota, Solito se parece a los perros de verdad en que ______________________

____

Narrador: Un perro muy grande se acerca a Cosme y Abril. Los husmea mientras mueve su cola. Pero, cuando ve a Solito, comienza a ladrarle. Su dueña llega corriendo tras de él.

Tina: A callar, Mac. ¿A quién le ladras?

Abril: Nada más estábamos jugando pelota con mi perro robot.

Cosme: Mejor dicho, él jugaba consigo mismo a lanzar y atrapar la pelota. No en balde se llama Solito. Como verás, no es muy divertido jugar con él.

Tina: Inténtalo con Mac. ¡Pero tú sí tendrás que lanzarle la pelota!

Narrador: Mac corre tras la pelota que Cosme le lanza. Después de atraparla, la trae de vuelta a sus pies. Antes de que Cosme pueda recogerla, Solito la agarra.

Abril: ¡Solito! ¿Qué haces?

Cosme: ¡Mira¡ ¡Va a lanzarle la pelota a Mac! Si me canso, él puede hacerlo por mí. Mmm... Creo que nuestra idea sí podría funcionar.

Tina: Ya sean de verdad o de metal, ¡los perros siempre son muy serviciales y divertidos! 7

Detente a pensar

7 ¿Te gustaría jugar pelota con un perro robot? Explica tu respuesta.

A mí ____________________________

Maestros: Leer en voz alta

Pensamiento crítico

1. Después de que Mac deja la pelota a los pies de Cosme, ¿qué hace Solito? **SECUENCIA**

Después de que Mac deja la pelota a los pies de Cosme, Solito ______________________

____

____

____

2. ¿Qué le enseñarías a hacer a un perro robot? **RESPUESTA PERSONAL**

Yo le enseñaría a un perro robot a ______________________

____

____

____

3. ¿Cómo termina la obra? **TRAMA**

Al final de la obra, ______________________

____

____

____

acopio
compromiso
jactó
molestia
sedentaria
temblar

Vocabulario

Desarrollar un vocabulario rico

Escribe la palabra del vocabulario que complete cada oración. La primera ya ha sido completada como ejemplo.

Chapuza se **(1)** _____jactó_____ ahora de ser la mejor cocinera del mundo. Le prometió un pastel de cumpleaños a su amigo, Antifaz. ¡Pero se le olvidó la receta!

Chapuza no sabía qué hacer. Sonia se ofreció ayudarla para que cumpliera su **(2)** ________________ . Buscó su recetario y se lo mostró a Chapuza. Estando ambas en la cocina, Sonia leyó: "Primer paso: consiga huevos de ganso".

Chapuza fue al corral. La gansa dormía tranquilamente sobre su nido. Chapuza sabía que esa ave era muy **(3)** ______________________ y que no se movería de allí.

Haciendo **(4)** ______________________ de todo su valor, Chapuza se atrevió a despertarla. "Disculpe la **(5)** ______________________ , señora gansa", le dijo. "Sólo necesito que me *preste* unos cuantos de sus huevos".

¡Tanto para nada! Algunos de los huevos se rompieron. Chapuza se alejó del corral. La gansa sonrió al verle su cola **(6)** ______________________ .

La sorpresa de Chapuza

por Nancy Furstinger

ilustrado por Marín Ross

—Puedo cocinar fideos. Puedo hornear panqués. ¡Puedo cumplir todos tus deseos! ¡Por eso soy la mejor chef! —presumía Chapuza.

Con el garfio de su colita despedía a los globos que subían al techo.

—Hoy hornearé un pastel para mi amigo Antifaz. ¡Se chupará los dedos con mi manjar! —decía Chapuza llena de vanidad.

Sonia la escuchaba con admiración.

—No sabía que fueras chef.

—¡Traigo de cuna la pimienta y la sal! —Chapuza se jactó—. Ya verás el banquete que le preparo a ese mapache. ¡Jamás lo podrá olvidar! 1

Detente a pensar

1 ¿Por qué Chapuza está horneando un pastel para Antifaz?

Chapuza está horneando un pastel para Antifaz porque ______

______

______

—¡Si ya es hora, manos a la obra! —Chapuza dijo sin que la prisa le hiciera sombra.

—Yo estaré encantada de verte trabajar —Sonia comentó.

—¡Espera! —Chapuza exclamó—. ¡He olvidado cómo hacer ese pastel!

—¡No dejes que la fiesta se agüe antes de empezar! —Sonia respondió—. Tienes un compromiso con Antifaz, y a cumplirlo yo te voy a ayudar. Quizás este recetario te puede salvar.

Chapuza decía saber muchas cosas, pero no leer. Le pidió a Sonia que lo hiciera en su lugar.

—Primer paso —comenzó Sonia a leer—: Consiga huevos de ganso.

—Ahora vuelvo —dijo Chapuza—. ¡Voy al corral que vuelo! 2

Detente a pensar

2 ¿Cuál es el primer ingrediente que Chapuza necesita para su pastel?

Lo primero que Chapuza necesita para su pastel son ______

______

______

Chapuza llegó al corral sin poder respirar. La gansa sedentaria estaba en su nido para variar. Chapuza sabía que ni una grúa la podría levantar. Haciendo acopio de todo su valor, se atrevió a elevar la voz.

—Disculpe la molestia, señora gansa —dijo—. Necesito unos huevos para llenarle a un amigo la panza.

Somnolienta como estaba, la gansa no puso resistencia. Chapuza se paró de puntillas y fue poniendo los huevos en su canastilla.

—Estos enormes huevos dejarán a Antifaz como nuevo —dijo Chapuza al despedirse.

¡No puede ser! Los huevos se rompieron cuando empezó a correr. Por suerte llevaba una cuchara también. Con ella batió los huevos en un dos por tres.

Sonia vio el revoltijo que Chapuza llevaba consigo.

—No hay tiempo que perder —dijo Chapuza—. El segundo paso era batir. Dime ahora cuál el tercero es.

—Creo que al corral debes otra vez ir —dijo Sonia sonriendo—. Ahora, la leche debes añadir. 3

Detente a pensar

3 ¿Cuáles son los pasos dos y tres de la receta?

Los pasos dos y tres de la recete son ____________________

____

____

Sonia la acompañó para evitar que derramara la leche también.

La vaca mugió al ver a Chapuza sentada a su lado. Estaba feliz de ver que no la había olvidado.

—Lo que no recuerdo es cómo ordeñarte — admitió Chapuza.

—Mejor ven a ayudarme, por favor —le dijo Sonia—. La leche que necesitamos está en el congelador.

Chapuza corrió a echar un vistazo.

—¿No se supone que la leche embotellada es de distintos sabores? Quiero hacer un pastel de chocolate. ¡Esta leche así de blanca no me late! Quizás pueda darle color con un poquito de... —dijo metiendo su colita rizada en un charco de pestilente olor. 4

Detente a pensar

4 ¿Por qué Chapuza quiere añadirle lodo a la leche?

Chapuza quiere añadirle lodo a la leche porque __________

____

____

Sonia se carcajeó sin poder evitarlo. Las colitas de su peinado comenzaron a temblar de arriba abajo.

—¡No hay lodo en mi receta! ¡Ni una cucharadita de tierra! —dijo aún sonriendo.

—¡El lodo le da buen sabor a todo! —replicó Chapuza a su modo.

Luego, hojeó el recetario de Sonia para ver los platillos ahí retratados. Sus ojos iban de un lado a otro desconcertados.

—¿Qué clase de platillos son éstos? No veo ninguno que pueda gustarle a Antifaz. ¡Él es muy especial! —y, meneando la cuchara, dijo—: ¡Mi propia receta tendré que inventar! 5

Detente a pensar

5 ¿Crees que Chapuza es creativa? Explica tu respuesta.

Pienso que Chapuza ______________________________

Chapuza le pidió a Sonia que se fuera a la sala a inflar más globos. De ponto, se oyó un fuerte ruido en la cocina.

—¡Sonia, amiga! —chilló Chapuza—. ¡Auxilio, querida!

Sonia entró a la cocina a toda prisa. Ya no hubo más risas. Sólo engrudo aquí y allá, en las hornillas y las repisas. Incluso masa de su trompa escurría.

—¡Ahora yo soy la batida! —lloró Chapuza—. Mezclé todos los ingredientes para que Antifaz clavara feliz el diente. Y ve nada más... ¡Soy la peor chef del mundo! En lugar de pastel, hice engrudo. 6

Detente a pensar

6 ¿Qué pasa cuando Chapuza mezcla todos los ingredientes que hay en la cocina?

Cuando Chapuza mezcla todos los ingredientes,

____

____

—Primero, limpiemos este desastre —sugirió Sonia—. Después, corres a la tina a bañarte. ¡Y estarás lista para recibir a tu mapache!

Poco después, Chapuza regresó limpia y perfumada, como si no hubiera pasado nada.

—¡Tengo una idea genial! —dijo Chapuza de mejor humor—. Se me ocurrió mientras me daba un chapuzón. ¿Sabes qué es lo que más le gusta a Antifaz! ¡Panqués! ¡Se los haré en un santiamén! —dijo tomando la cuchara otra vez.

Miró entonces la cocina resplandeciente.

—Tengo una idea mejor —Chapuza recapacitó—. Llevemos a Antifaz a donde pueda comer panqués. ¡Sólo se vive una vez!

Al oírla, Sonia le dio un gran beso en la tez. 7

Detente a pensar

7 ¿Qué pasa después de que Chapuza se baña?

Después de que Chapuza se baña, ______________________

____

____

Maestros: Leer en voz alta

Pensamiento crítico

1. ¿Cuáles sucesos del cuento te permiten saber que Chapuza no es muy buena cocinera? Dibuja la siguiente gráfica en un cuaderno y complétala. **TRAMA**

Chapuza alardea de ser buena cocinera.

↓

Chapuza inventa su propia receta.

↓

____

2. ¿Por qué Sonia le da a Chapuza un beso al final del cuento? **MOTIVACIONES DE LOS PERSONAJES**

Al final del cuento, Sonia le da a Chapuza un beso porque ____________________

____

____

3. ¿Qué crees que la autora quiere enseñarte con este cuento? **PROPÓSITO DEL AUTOR**

Con este cuento, pienso que la autora quiere enseñarme que ____________________

____

concavidad

espiral

hebras

presas

recoge

social

Vocabulario

Desarrollar un vocabulario rico

Escribe la palabra del vocabulario que complete cada oración en las cartas. La primera ya ha sido completada como ejemplo.

Querido Rolando:

¡Este museo es maravilloso! He aprendido mucho sobre las arañas lobo. Algunas arañas hacen sus telarañas en forma de **(1)** ___espiral___, pero éstas no. Las arañas lobo no se quedan esperando a que el alimento caiga en sus redes. Ellas salen a cazar a sus **(2)** ______________. ¡Por eso se llaman así!

Mamá me trajo un libro sobre arañas. Te lo enseñaré cuando regrese a casa la próxima semana.

Tu amigo araña,

Ernesto

Querida Blanca:

Estoy en una exhibición de arañas. En este museo aprendí que las arañas trampa hacen sus nidos en grupo. Sin embargo, prefieren estar solas una vez que cada nido está terminado. Por lo visto, esta especie no es muy **(3)** ______________________ .

La araña trampa vive debajo del suelo. Hace un agujero en forma de tubo y cubre sus paredes con **(4)** ____________________ de seda que ella misma produce. **(5)** ______________________ con sus patas para cubrir con ella el orificio de la entrada. Se oculta ahí hasta que un insecto pasa y... ¡Buen provecho!

El que se fue,

Ernesto

Querido Carlos:

He aprendido mucho sobre las arañas en este museo. Algunas son venenosas, pero no las tarántulas. Esta araña se ve muy tenebrosa, cierto, pero es inofensiva. Incluso, puede ser una buena mascota. Sólo se necesita ponerla en un recipiente con tierra y agua. Un grillo es suficiente para alimentarla toda una semana. En la superficie de la tierra hay que hacer una **(6)** ______________________ para que se esconda. Así se sentirá a salvo.

¿Quieres que te lleve una tarántula de mascota? ¡Es broma!

Tu amigo

Ernesto

Arañas sin telarañas

por Ernest Kaye

Cuando piensas en arañas, ¿te imaginas una que espera pacientemente en el borde de una red en forma de espiral? Te asombrará saber entonces que para muchas arañas las telarañas son innecesarias. Éstas atrapan a sus presas como otros predadores: cazándolas.

La araña lobo

Al igual que los lobos, las arañas lobo acechan y se abalanzan sobre sus presas. Por eso se llaman así. Sus cuerpos peludos avanzan pegados a la tierra, siempre al acecho de sus presas. Sus gruesas patas les permiten moverse con rapidez. Para cazar, también cuentan con una vista muy eficaz. Dos de sus ojos miran al frente, mientras que otros dos lo hacen hacia arriba. Debajo de estos dos pares, están alineados cuatro pequeños ojos más. 1

Detente a pensar

1 ¿Por qué la araña lobo se llama así?

La araña lobo se llama así porque ______________________

____

____

La araña lobo hace su madriguera en pastizales y también debajo de piedras, troncos y hojas secas. Allí abundan los insectos que ella necesita comer. Sólo de manera extraordinaria, se refugia en lugares cerrados, hechos por el hombre. Es más común que lo haga así en el invierno, cuando huye del frío. Es posible que entonces puedas encontrar una araña lobo en el sótano o el ático de tu casa.

El ciclo de la vida de las arañas lobo comienza cuando la hembra pone sus huevos. Los deposita en un enorme saco adherido a su cuerpo. Mientras avanza, mece los huevos hasta que las crías salen del cascarón. Al nacer, las arañitas se montan en el lomo de su madre, y así viajan varios días. 2

Detente a pensar

2 ¿Qué pasa después de que la araña lobo pone sus huevos?

Después de que la araña lobo pone sus huevos, ____________

____

____

La araña trampa

La araña trampa hace su madriguera debajo de la tierra. Primero, cava un agujero en forma de tubo. Luego, cubre las paredes del hoyo con hebras de seda que ella misma produce. El orificio de la superficie lo tapa con una cubierta de seda que confecciona con mucho cuidado. Después, recoge musgo y hojas secas para camuflar la cubierta por afuera. Finalmente, se esconde bajo la cubierta. Cuando un insecto pasa por allí, sale de prisa y lo atrapa con sus patas. Queda claro ahora por qué esta araña se llama trampa, ¿cierto?

Salvo cuando caza, la araña trampa permanece en el interior de su madriguera. Es más bien tímida y, en caso de peligro, corre a esconderse en su agujero. A los pájaros y otros animales les encanta comer arañas. Si uno de estos predadores está cerca, la araña convierte enseguida su trampa en refugio. (3)

Detente a pensar

(3) ¿Por qué la araña trampa le pone una cubierta a su agujero?

La araña trampa le pone una cubierta a su agujero porque ______________________________

____

La araña trampa tiene un cuerpo fuerte y compacto. Sus patas también son cortas. Su piel es lustrosa porque tiene muy poco pelo. Sus ojos están cerca unos de otros. Dos de ellos están al frente de su cara y tres en cada lado. Algunas arañas trampa tienen dientecillos que les ayudan a excavar. Todas usan su boca para hacer sus agujeros. Así desmenuzan la tierra y la amasan en forma de bola. Sólo usan sus patas traseras para lanzar esa bolita lejos del agujero.

Por lo general, las arañas trampa hacen sus nidos en grupo. Sin embargo, no es una especie social. Una vez que cada nido está terminado, la inquilina prefiere quedarse sola. Las únicas que no pueden hacerlo, aunque quisieran, son las hembras. Depositan sus huevos en su agujero y comparten éste con sus arañitas durante varias semanas. Pero cada una de éstas deberá salir al cabo para formar su propio agujero. 4

Detente a pensar

4 ¿Cuántos ojos tiene una araña trampa? Subraya las palabras que te ayuden a responder esta pregunta.

La araña trampa tiene ______________________________

____

____

La tarántula

Las tarántulas son las arañas más grandes que hay. Algunas viven en los desiertos, pero la mayoría habita en los bosques tropicales. Sus madrigueras suelen estar bajo tierra, en grietas o debajo de las rocas. Por lo general, cazan de noche. Entonces, emboscan a los insectos que pasan cerca de ellas. Las tarántulas pueden llegar a vivir hasta veinte años.

El cuerpo de las tarántulas es compacto y robusto. Está cubierto todo de pelo. Casi todas las tarántulas son negras o cafés. Sólo unas cuantas tienen colores atractivos, con franjas azules o rojas en sus patas.

Si tienes un pájaro por mascota, sería mejor que no se lo presentes a una tarántula gigante de Sudamérica. Ésta es una auténtica devoradora de pájaros. Puede medir hasta diez pulgadas de largo, incluyendo sus patas. 5

Detente a pensar

5 ¿Por qué el autor te recomienda que no le presentes una tarántula gigante a tu pájaro mascota?

El autor me recomienda esto porque ______________________

____

____

El veneno de la tarántula no es dañino para los seres humanos. Pero su mordedura sí puede ser dolorosa. Estas arañas tienen un aspecto aterrador, pero prefieren huir antes que atacar. Si no tiene escapatoria, la tarántula se apoyará sobre sus patas traseras y mostrará sus colmillos, lista para defenderse. Algunas friccionan sus patas para producir un sonido de advertencia, parecido al de la víbora de cascabel. Otras, les lanzan sus pelos al enemigo. Su pelo produce escozor.

Muy pocos enemigos intentan atrapar una araña tan grande. Excepto los humanos. En algunas partes, las cazan para comérselas asadas. **6**

Detente a pensar

6 ¿Qué harías si alguien te ofreciera una tarántula asada para el almuerzo?

Lo más seguro es que ______________________________

____

____

Las arañas se ven escalofriantes, pero muy pocas son peligrosas. No tienes por qué temerles a la araña lobo, la araña trampa ni tampoco a la tarántula. Como has visto aquí, son inofensivas. Siempre optarán por huir antes que atacar.

De hecho, éstas arañas son muy útiles. Se comen a los insectos que nos molestan o destruyen nuestras plantas. Necesitamos de ellas para controlar diferentes plagas de insectos.

¿Te gustaría tener una araña por mascota? Las tarántulas son muy tranquilas y requieren muy poco espacio. Un recipiente con tierra basta. Ahí hay que hacer una pequeña concavidad para que se esconda. También necesita alimento. Un grillo a la semana será suficiente. Tu tarántula te enseñará mucho sobre las demás arañas. ¡Así te convertirás en un verdadero Hombre Araña! 7

Detente a pensar

7 El autor dice que "Las arañas se ven escalofriantes". ¿Es esto un hecho o una opinión? ¿Cómo puedes saberlo?

"Las arañas se ven escalofriantes" es ______________________

____

____

Maestros: Leer en voz alta

Pensamiento crítico

1. ¿Qué has aprendido aquí sobre las arañas? Dibuja la siguiente gráfica en un cuaderno y complétala. **INFERIR**

Lo que tú sabes
La araña puede ser una mascota.

Lo que te dice el autor

Inferencia
Una tarántula mascota te enseñará mucho sobre las demás arañas.

2. ¿Cómo sabes que a las arañas trampa les gusta estar solas? **SACAR CONCLUSIONES**

Sé que a las arañas trampa les gusta estar solas porque ______________________

____

3. ¿Por qué razón podría haber una araña lobo en el interior de tu casa? **CAUSA Y EFECTO**

Si hubiera una araña lobo en mi casa, quizás es porque ______________________

____

- deliberación
- erupcionan
- expandan
- granulosa
- preciso
- salpicado

Vocabulario

Desarrollar un vocabulario rico

Escribe la palabra del vocabulario que complete cada oración del diario. La primera ya ha sido completada como ejemplo.

Domingo 10 de octubre

Arturo y yo pasamos mucho tiempo pensando en la feria de ciencias. Teníamos que elegir un proyecto interesante. Luego de una larga **(1)** **deliberación**, decidimos lo que íbamos a hacer. Es un secreto por ahora.

Tenemos que preparar todo con mucho cuidado. Nuestro proyecto tiene que ser muy **(2)** ________________ y debe funcionar perfectamente cuando lo presentemos. ¡Queremos ganar el primer lugar!

Más tarde, Arturo me llamó para hablarme sobre otro de los proyectos. Suena muy interesante. Tiene que ver con la manera en que **(3)** ________________ los volcanes. Ahora no estoy tan segura de poder ganar. ¡Ya veremos!

Lunes 11 de octubre

Acabamos de terminar de armar nuestro proyecto en el gimnasio. Aquí es la sede de la feria de ciencias. Mis compañeros también terminan de preparar sus proyectos. Me siento muy desanimada. No creo que podamos ganar.

Esta mañana vi a Marcia y a Lucero en la parada del autobús. Llevaban una pista de carreras con todo y carritos. También supe que habría un hábitat modelo **(4)** ________________________ todo de animales en miniatura.

Tengo la boca seca. Siento la lengua **(5)** ________________________, como si hubiera comido arena. Probé un pedazo de chocolate y nada. Su sabor sólo me hizo temer otra vez que nuestro proyecto no sea tan genial después de todo. Se supone que mostraremos cómo el calor hace que se **(6)** ________________________ los cuerpos. ¡A quién le interesa esto!

Nuestro proyecto científico

por Nancy Furstinger
ilustrado por Laura Freeman

Esta mañana desperté bostezando y estirándome a mis anchas. De pronto, recordé. Hoy era la primera feria de ciencias de mi escuela.

Mi gato ronroneaba junto a mí.

—¿Qué tal si cometo un error? —le pregunté sin atreverme a salir aún de la cama.

Pensaba en la feria de ciencias. En mi mente vi los miles de errores que Arturo y yo podríamos cometer.

—¿Qué tal si nuestro proyecto no le gustaba a nadie? ¿Qué tal si la maestra Nidia dijo que teníamos posibilidades de ganar sólo por compromiso? ¿Qué tal si se me olvidaba lo que Arturo me enseñó?

Ahora, mi gato fue el que bostezó. **1**

Detente a pensar

1 ¿Cómo se siente Rosa al despertar?

Al despertar, Rosa se siente ______________________

____

____

Más tarde, en el autobús, vi a Marcia y a Lucero. Cargaban una caja con mucho cuidado. En su interior se veían banderas cuadriculadas, carritos de carreras y segmentos de autopista.

—Nuestra carrera automotriz será impactante —dijo Lucero.

—Te aseguro que nunca has visto un experimento como éste, Rosa —me dijo Marcia—. Ricardo y Sergio montarán una maqueta. Ya sabes, la que muestra el hábitat donde viven los animales. Porque los conozco, sé que su presentación será impecable.

Ricardo y Sergio sabían lo que hacían, en efecto.

Sentí ganas de llorar. De repente, mi proyectó dejó de parecerme genial. **2**

Detente a pensar

2 ¿Qué le hace pensar a Rosa que su proyecto no es tan genial como había pensado?

Rosa piensa que su proyecto no es tan genial cuando

____

____

Al llegar a la escuela, me fui directo al gimnasio. Ahí se efectuaría la feria de ciencias. Me detuve frente a la puerta. Tenía miedo pero al mismo tiempo deseaba competir y ganar.

—¡Por aquí, Rosa! —me gritó Arturo desde el interior—. ¡Ya sólo me falta una caja por desempacar!

Luego de una larga deliberación, decidí entrar y enfrentar las cosas como vinieran. A toda prisa decoré con cartulinas informativas nuestra mesa. Después, Arturo y yo armamos nuestro proyecto.

Les eché un vistazo a los de las otras mesas. Luis y Juan llevaban un modelo de traje espacial. Su diseño era muy preciso, y las cartulinas informativas eran fáciles de entender. ¡Me sentí demolida! 3

Detente a pensar

3 ¿Crees que Rosa y Arturo tienen posibilidades de ganar?

Yo pienso que Rosa y Arturo ______________________

____

____

—¡Míralos! Quizás también nosotros podríamos dibujar un...

—No hay necesidad —respondió Arturo—. Nuestro proyecto es...

No lo escuché más. Me fui a dar una vuelta por el gimnasio. Me detuve en cada mesa para ver lo que los demás equipos habían hecho.

La pista automotriz comenzaba a crecer sobre la mesa de Marcia y Lucero. El hábitat de Ricardo y Sergio me dejó con el ojo cuadrado. Estaba todo salpicado de animales en miniatura que parecían de verdad. Más adelante, vi una maqueta con una cadena montañosa.

—Así entenderás cómo erupcionan los volcanes —me explicó amablemente la jefa de ese equipo.

Al regresar con Arturo, pensé que habría sido preferible quedarme en la cama con mi gato. Incluso, pensé esconderme bajo nuestra mesa. Pero, justo en ese momento, la maestra Nidia caminaba hacia nosotros. **4**

Detente a pensar

4 ¿Desde el punto de vista de quién está contado este cuento? ¿Cómo lo sabes?

Este cuento está contado desde el punto de vista de ______________

____

Los jueces la alcanzaron más adelante. Y, justo detrás de ellos, venían sonriendo mis papás y los de Arturo.

—Hola, Rosa y Arturo —nos saludó la maestra Nidia—. ¿Por qué no nos hablan sobre su proyecto?

Arturo estaba más que listo.

—Nosotros vamos a mostrar cómo un cuerpo sólido se convierte en líquido —les explicó.

Enseguida, comenzó el experimento. Les mostró cómo el calor de la lámpara iba derritiendo una barra de chocolate.

—Era sólido y ahora es líquido. Esto se debe a que el calor hace que se expandan los cuerpos —concluyó.

Hubo una pausa muy incómoda. Seguía mi turno. Arturo me dio un pisotón bajo la mesa. 5

Detente a pensar

5 ¿Qué pasa después de que Arturo coloca el chocolate bajo la lámpara?

Después de que Arturo coloca el chocolate bajo la lámpara,

Aclaré mi garganta.

—Ahora veremos cómo los líquidos pueden convertirse en sólidos —dije con voz temblorosa.

Les mostré entonces cómo un hielo enfriaba el chocolate derretido hasta hacerlo otra vez sólido.

—Esto se debe a que el frío comprime los cuerpos —concluí.

—Ya veo —dijo la maestra Nidia.

Junto a ella, los jueces parecían dibujar algo en sus cuadernos. Sin decir más, todos avanzaron a la siguiente mesa.

—¡Estuvimos de maravilla! —exclamó Arturo.

Estaba muy lejos de sentirme la Chica Maravilla. Aún temblaba. Tenía la boca seca. Probé un poco de chocolate. Sentí la lengua granulosa, como si probara arena. No había nada que hacer. Salvo esperar. 6

Detente a pensar

6 El proyecto ha sido todo un éxito. ¿Por qué Rosa no se siente tranquila?

Rosa no se siente tranquila porque ______________________

____

Lucero miraba con atención nuestro experimento.

—¿Cómo les fue con su carrera de autos? —le pregunté.

—Bien, gracias —respondió—. Bueno, todo iba bien hasta que la autopista se cayó. Un carro salió disparado y poco faltó para que cayera en la cabeza de un juez.

Me esforcé por no reírme. Pero a Lucero no parecía importarle mucho ese error.

Entonces, llegó la hora de la premiación. La maestra Nidia mencionó el segundo lugar: Ricardo y Sergio.

Pensé que así acababa mi debut en el mundo científico. De pronto, el gimnasio se llenó de aplausos. Todos nos miraban.

—¡Ganamos, ganamos! —estalló Arturo con júbilo.

Ambos subimos a recibir el premio. ¡Las luces del estrado me derretían de felicidad! (7)

Detente a pensar

(7) Escribe una experiencia personal en la que hayas pensado que algo saldría mal, y al final descubriste que todo salió muy bien.

En una ocasión, ______________________________

____

____

Maestros: Leer en voz alta

Pensamiento crítico

1. ¿Qué sucede durante la ceremonia de premiación? Dibuja la siguiente gráfica en un cuaderno y complétala. **SECUENCIA**

La maestra Nidia anuncia a los ganadores.
↓
↓

2. ¿Cuál es el problema de Rosa en el cuento? ¿Cómo se soluciona el problema? **TRAMA**

El problema de Rosa en el cuento es ______________________

____

____

____

3. ¿Qué lección quiere enseñarte la autora con este cuento? **PROPÓSITO DEL AUTOR**

Con este cuento, la autora quiere enseñarme que

____

____

- constante
- despejada
- evidencia
- gira
- refleja
- superficie

Vocabulario

Desarrollar un vocabulario rico

Escribe la palabra del vocabulario que complete cada oración. La primera ya ha sido completada como ejemplo.

La Luna es el objeto más brillante que puede verse en una noche **(1)** ___despejada___.
Sin embargo, la Luna no tiene luz propia. Sólo **(2)** ______________ la luz solar. Por decirlo así, la **(3)** ______________ de la Luna es un espejo gigante donde rebota la luz del Sol.

La Luna orbita alrededor de la Tierra. Tarda aproximadamente un mes en dar una vuelta completa. Vista desde la Tierra, la Luna se ve distinta cada día. Esto se debe a que vemos sólo parte de la luz que ilumina a la Luna.

Hace mucho tiempo, los meteoritos caían regularmente en la Luna. Este bombardeo **(4)** ________________ hizo enormes hoyos en su superficie. Aun a simple vista pueden verse desde la Tierra. Parecen cráteres gigantes.

Al mismo tiempo que la Luna orbita alrededor de la Tierra, rota o **(5)** ________________ sobre su propio eje. Sin embargo, nosotros sólo podemos ver uno de sus lados siempre. Cuando haya Luna llena, observa sus cráteres. Cuando llegue la siguiente Luna llena, vuelve a observarla. Verás exactamente los mismos cráteres. Esto no significa que la Luna no rote sobre sí misma. Más bien es **(6)** ________________ de que su rotación tarda lo mismo que el tiempo que le toma darle una vuelta completa a la Tierra.

La Luna

por Ernest Kaye
ilustrado por Mike Maydek

¿Qué sabes acerca de la Luna? Cuando hay luna llena, ¿ves a tu alrededor gente lunática? ¿Alguna vez te dijeron que la Luna estaba hecha de queso? ¿Los lobos realmente le aúllan a la Luna? Y tú, ¿alguna vez has estado en la luna? ¡Despierta!

En una noche despejada, la Luna es el cuerpo celeste más brillante que puede verse desde la Tierra. Sin embargo, la Luna no tiene luz propia. Sólo refleja la luz solar. Por decirlo así, es un espejo gigante donde rebota la luz del Sol. 1

Detente a pensar

1 ¿Qué crees que aprenderás sobre la Luna en esta lectura?

Pienso que aquí aprenderé ______________________

____

____

Las fases lunares

La Luna orbita alrededor de la Tierra. Tarda aproximadamente un mes en darle una vuelta completa a nuestro planeta. Mientras avanza en torno a él, la Luna se ve diferente cada día. Cuando comienza su viaje alrededor de la Tierra, se le llama luna nueva. En esta fase es casi invisible. A la mitad de su recorrido, vemos un disco completamente luminoso. Es la *luna llena*.

¿Te acuerdas que la Luna sólo refleja la luz solar? Durante la luna nueva no refleja luz porque *el espejo* está de cara al Sol. Nosotros sólo vemos su parte trasera. En cambio, en la luna llena, *el espejo* está de cara a la Tierra y refleja la luz solar en todo su esplendor. **2**

Detente a pensar

2 ¿En qué se diferencia la Luna del Sol?

La Luna se diferencia del Sol en ______________________

____

____

El origen de la Luna

Alguna vez, los científicos pensaron erróneamente que la Luna se había desprendido de la Tierra como el gajo de una naranja. Ahora sabemos que la Tierra chocó contra un objeto celeste hace millones de años. La Luna se formó con los pedazos rotos de esa colisión.

Los científicos han estudiado muchas piedras lunares. Gracias a esta evidencia, han podido calcular la edad de la Luna. Algunas de esas rocas datan de ¡hace más de cuatro mil millones de años! 3

Detente a pensar

3 ¿Qué han aprendido los científicos del estudio de las piedras lunares?

Del estudio de las piedras lunares, los científicos han aprendido ______________________

____

La superficie lunar

¿Has visto que la Luna está cubierta toda de cráteres? Su superficie da la apariencia de haber sido golpeada fuertemente con un martillo gigante.

A diferencia de la Tierra, la Luna no tiene atmósfera. La atmósfera es una capa gaseosa que nos protege del frío espacial y de los cuerpos celestes como los cometas y los meteoritos. Durante miles de millones de años, la Luna fue bombardeada por meteoritos. Sin atmósfera que la protegiera, ese bombardeo constante formó sus cráteres.

Los cráteres más pequeños son tan diminutos como la punta de un cuchillo. Los más grandes, ¡son tan grandes como el territorio de Estados Unidos! 4

Detente a pensar

4 ¿Por qué la Luna tiene cráteres en su superficie?

La Luna tiene cráteres en su superficie porque ____________________

____

____

La Luna y las mareas

¿Sabías que la Luna causa las mareas? Las mareas son las variaciones del nivel de agua en los océanos. Las mareas crecen a causa de la fuerza de gravedad con que se atraen la Tierra y la Luna.

El agua se eleva cuando la Luna está sobre esa parte de la Tierra. Pero, dado que la Tierra gira sobre su propio eje, la posición de la Luna varía hora tras hora en cada latitud. Así pues, las mareas suben y bajan de acuerdo a la proximidad de la Luna. La marea sube dos veces al día en todos los océanos.

Si piensas que la fuerza de gravedad de la Tierra provoca mareas en la Luna, deberías pensarlo mejor. No hay una sola gota de ningún líquido en la Luna. ¡No hay nada que atraer allá! 5

Detente a pensar

5 ¿Qué pasa cuando la Tierra y la Luna se atraen mutuamente?

Cuando la Tierra y la Luna se atraen mutuamente, ______

______

______

Estudiando la Luna

¿Sabías que la Luna es el único lugar del espacio que los seres humanos han visitado? El primer cohete a la Luna despegó en 1959. Esa misión fotografió el lado trasero del espejo, es decir, el lado oscuro de la Luna.

Justo diez años después, en 1969, el hombre pisó por primera vez la Luna. Los astronautas recolectaron entonces muestras de arena y piedras lunares. Desde entonces, muchos hombres más han ido a la Luna. Gracias a esos viajes, ahora sabemos más acerca de nuestro satélite natural. (6)

Detente a pensar

(6) ¿Qué trajeron de la Luna los astronautas en 1969?

En 1969, los astronautas trajeron de la Luna ____________________

____

____

¿Cuál es el futuro de los viajes a la Luna? Algunas personas hablan de la posibilidad de establecer una colonia o estación permanente en la Luna. Opinan que puede ser un lugar ideal para la minería. Otros dicen que la Luna podría funcionar como una estación intermedia para los viajes de la Tierra a otros planetas.

Quizás todo lo que sabemos de la Luna pueda ayudarnos para habitarla algún día. Imagina que tus hijos o nietos puedan estar en la Luna sin necesidad de que nadie les diga: "¡Despierta!" **7**

Detente a pensar

7 ¿Te gustaría viajar a la Luna algún día? ¿Por qué?

A mí ______________________________

____

____

Maestros: Leer en voz alta

Pensamiento crítico

1. ¿Qué aprendiste de la Luna? Dibuja el siguiente cuadro en un cuaderno y complétalo. **IDEA PRINCIPAL Y DETALLES**

Hechos sobre la Luna	Viajes a la Luna	Futuro de la Luna

2. ¿Por qué la gravedad de la Tierra no causa mareas en la Luna? **CAUSA Y EFECTO**

La gravedad de la Tierra no causa mareas en la Luna porque ______________________

____

____

3. ¿Qué crees que el autor quiere enseñarte con esta lectura? **PROPÓSITO DEL AUTOR**

Con esta lectura, pienso que el autor quiere enseñarme ______________________

____

____

aumentar
confirmar
descubrió
genera
pintoresca
salvaguardarnos

Vocabulario

Desarrollar un vocabulario rico

Escribe la palabra del vocabulario que complete cada oración. La primera ya ha sido completada como ejemplo.

1. Por suerte, nadie **descubrió** a Pilón al subirlo a la nave.

   salpicó descubrió confirmó

   ¡Sería una catástrofe si alguien llegara a verlo a bordo del *Esfinge*!

2. El Capitán Marcial oye un chirrido. El Doctor Valle quiere ______________

   confirmar aumentar involucrar

   que no sea nada grave.

3. Hilda pregunta cómo cocinan en el espacio. Una estufa espacial ______________

   aumenta gira genera

   calor sin flama en la cocineta del *Esfinge*.

4. Joel quiere saber más sobre la casa espacial.

"Tiene una cubierta especial para ______________________

aumentar **confirmar** **salvaguardarnos**

de los peligros de la atmósfera hostil de Marte", le explica el Capitán Marcial.

5. Los telescopios sirven para ______________________

aumentar **ensayar** **criticar**

lo que se ve con sus potentes lentes. Joel usa uno para ver la superficie del planeta.

6. Los chicos quedan maravillados con Marte. Su vista es muy

______________________ .

pintoresca **constante** **precisa**

¡Parece pintado a mano!

Escribe las respuestas de las siguientes preguntas.
Responde con oraciones completas.

7. ¿Qué observa Joel a través del telescopio?

____

____

8. Si un lugar es pintoresco, ¿cómo es?

____

____

Un viaje a Marte

por Nancy Furstinger
ilustrado por Larry Moore

Personajes

Joel
Capitán Marcial
Pilón
Hilda
Dr. Valle

Joel: ¡Aún no puedo creer que estemos a bordo de una nave espacial rumbo a Marte!

Hilda: ¿Cómo dijiste que se llama?

Joel: El *Esfinge*.

Hilda: Me costó mucho trabajo que mis papás me dieran permiso de venir. ¡Y eso que tu tío es el capitán del *Esfinge*!

Pilón: ¡Croc! ¡Peligro! ¡Humanos a la vista!

Joel: ¡Vamos, Pilón, escóndete! Nadie debe saber que estás aquí. **1**

Detente a pensar

1 ¿Por qué Pilón da un chirrido de advertencia?

Pilón da un chirrido de advertencia porque ______________________

____

____

Hilda: Por suerte, nadie descubrió a Pilón cuando lo subimos a la nave.

Joel: ¡Sería una catástrofe si mi tío llegara a verlo a bordo!

Hilda: ¿Acaso no quiere a Pilón?

Joel: Claro que lo quiere, pero no creo que le agrade ver a un perico en una nave tan sofisticada como ésta. Por si las dudas, vamos a esconderlo detrás de estos sacos.

Hilda: ¿Qué son? Parecen hechos de celofán.

Joel: Están hechos con un material que inventó el Doctor Valle. Cuando los llenen con aire, formarán las paredes de la casa espacial. (2)

Detente a pensar

(2) ¿Qué pasará cuando los sacos se llenen de aire?

Cuando los sacos se llenen de aire, ______________________

____

____

Capitán Marcial: ¿Me pareció oír un *Croc* o fue mi imaginación?

Doctor Valle: A mí me pareció un chirrido espantoso. Seguramente es una puerta que necesita aceite. Si gusta, puedo ir a confirmar que no sea nada serio.

Capitán Marcial: No estoy seguro, Doctor Valle. Sonó como el perico de mi sobrino, Joel. Un pájaro no estaba en mi plan de vuelo.

Doctor Valle: ¿No es el mismo perico que recita el alfabeto cuando se enoja o siente miedo? Usted me platicó de él alguna...

Pilón: A, B, C, D, ...

Capitán Marcial: ¡Pilón! ¿Qué haces aquí?

Joel: Disculpa, tío. Es culpa mía. Pilón anhela ser el primer pájaro que pise Marte. ¡No pude negarle esta oportunidad! 3

Detente a pensar

3 ¿Qué pasa cuando Pilón recita el alfabeto?

Cuando Pilón recita el alfabeto, ______________________

____

____

Capitán Marcial: Bueno, todo indica que se cumplirá su deseo.

Hilda: Capitán Marcial, gracias por haberme invitado al Planeta Rojo.

Joel: Por cierto, ¿por qué le llaman a Marte el Planeta Rojo?

Doctor Valle: ¿Nunca lo has visto brillar en la oscuridad de la noche?

Joel: Sólo en fotografías, pero... ¡es cierto! Marte es rojo como el sol de un atardecer.

Hilda: Pero, ¿por qué tiene ese color?

Doctor Valle: Pensamos que es porque en el aire de Marte hay muchas partículas de hierro.

Capitán Marcial: Y ¿qué tal ahora unas enchiladas *rojas* para el almuerzo?

Hilda: Pero, ¿cómo cocinan aquí?

Doctor Valle: El *Esfinge* cuenta con una estufa espacial que genera calor sin flamas. Es tan potente que puede asar un pollo.

Pilón: ¡Dijo pollo! ¡Dijo pollo! 4

Detente a pensar

4 ¿Por qué Marte se ve rojo en las fotografías?

Marte se ve rojo en las fotografías porque ______________

____

____

Doctor Valle: ¿Te gustaría tener una casa de campo en Marte, Hilda?

Hilda: Es un viaje muy largo para ir sólo de vacaciones.

Joel: Vi en un folleto las fotos de la casa espacial que inventó, Doctor Valle. Me pregunto si usted y mi tío no estarán pensando quedarse a vivir en Marte.

Doctor Valle: Desde que era niño pensaba que sería muy interesante vivir en otro planeta.

Capitán Marcial: Gracias al invento del Doctor Valle, eso será posible muy pronto. Su casa espacial está cubierta por un material que puede salvaguardarnos de la atmósfera hostil de Marte. De hecho, ya fue puesta a prueba en el Polo Sur y ¡sobrevivió! 5

Detente a pensar

5 ¿Por qué crees que el Dr. Valle está llevando su casa espacial a Marte?

Pienso que el Dr. Valle está llevando su casa espacial a Marte porque ______________________________

____

Hilda: ¿Podemos ver Marte desde los telescopios del *Esfinge?*

Doctor Valle: ¡Por supuesto! Los telescopios pueden aumentar cada detalle que se observe a través de sus potentes lentes. Así tendrán una mejor vista.

Joel: ¡Es una vista muy pintoresca! ¡Marte parece pintado a mano! Miren, alcanzo a ver una montaña enorme.

Hilda: Es el Monte Olimpo, el mayor volcán del Sistema Solar. ¡Es dos veces más grande que el pico más alto de la Tierra, el Everest!

Capitán Marcial: Y también hay capas congeladas en los polos norte y sur de Marte.

Joel: ¡Miren, Marte tiene dos lunas!

Hilda: Son Fobos y Deimos. Tienen los nombres de los caballos del dios griego de la guerra.

Doctor Valle: O sea, ¡del dios Marte! 6

Detente a pensar

6 ¿Por qué es importante que una nave espacial lleve telescopios?

Es importante que una nave espacial lleve telescopios porque ________________________

Capitán Marcial: ¡Sujétense sus cinturones de seguridad, todos!

Joel: ¡Qué gran proeza! Muy pronto seremos los primeros seres humanos en pisar la superficie de Marte.

Pilón: ¡Y yo seré el primer pájaro en volar en su aire *hostil!*

Hilda: ¿Creen que haya vida en Marte?

Doctor Valle: Puede ser. Quizás encontremos formas muy simples de vida bajo la superficie. Algunos científicos piensan que hay agua en el subsuelo marciano. Y donde hay agua, hay vida.

Capitán Marcial: Al descender podremos responder todas nuestras preguntas. ¿Están listos?

Hilda y Joel: ¡Sí! ¡Hagamos historia!

Pilón: A, B, C, D, ... 7

Detente a pensar

7 ¿Qué crees que pasará después de que el *Esfinge* descienda en Marte?

Después de que el Esfinge descienda en Marte, pienso que

____

____

Maestros: Leer en voz alta

Pensamiento crítico

1. ¿Por qué la tripulación del *Esfinge* hará historia? INFERIR

La tripulación del Esfinge hará historia porque ___

2. ¿Por qué la casa espacial podría resistir la atmósfera hostil de Marte? IDEA PRINCIPAL Y DETALLES

La casa espacial podría resistir la atmósfera hostil de Marte porque ___

3. ¿Por qué crees que el autor incluye información de Marte en su obra? PROPÓSITO DEL AUTOR

Pienso que el autor incluye información de Marte en su obra porque ___

Photo Credits

Lesson 4
41 (tr) LA Cicero/Stanford University News Service; 42 (cr) Bettmann/Corbis; 46 (tl) NASA/Roger Ressmeyer/CORBIS; 47 (tr) Barry De Libero/Graybear Portrait Studio; 48 (bl) Reprinted by permission from FIND WHERE THE WIND GOES by Dr. Mae Jemison. Scholastic Inc./Scholastic Press. Copyright©2001 by Dr. Mae Jemison.

Lesson 7
70 (b) Eric Gay/AP Photo; 73 (tr), China Photos/Getty Images; 74 (cl) Eric Gay/AP Photo; 76 (tl) Mike Derer/AP Photo

Lesson 8
80 (c) Photodisc Gree/Getty Images; 81 (tr) GK Hart/Vikki Hart/Getty Images; 81 (b) GK Hart/Vikki Hart/Getty Images; 84 DK Limited/Corbis; 85 Photodisc Green/Getty Images; 86 (c) C. Fleurent/photocuisine/Corbis; 86 (br) GK Hart/Vikki Hart/Getty Images; 86 (inset) Joe Outland/Alamy; 86 (l) Photodisc Green/Getty Images; 87 Lynn Stone/Index Stock Imagery/Jupiter Images; 88 (tr) GK Hart/Vikki Hart/Getty Images; 88 (c) GK Hart/Vikki Hart/Getty Images; 88 (l) GK Hart/Vikki Hart/Getty Images; 89 GK Hart/Vikki Hart/Getty Images

Lesson 13
133 (tr) David Aubrey/Photo Researchers, Inc.; 133 (b) Philip James Corwin/Corbis; 134 (tl) Alan L. Detrick/Photo Researchers, Inc.; 135 (tr) Owaki/Kulla/Corbis; 137 (cr) Phillip Colla - V&W/Bruce Coleman, Inc.; 138 (br) Organics image library/Alamy

Lesson 21
210 (t) Royalty-Free/Corbis; 211 (cr) British Antarctic Survey/Science Photo Library; 212 (bg) Bob Krist/CORBIS; 212 (bg) Frans Lanting/Corbis; 213 (cl) BRITISH ANTARCTIC SURVEY/SCIENCE PHOTO, LIBRARY; 213 (br) Peter Johnson/CORBIS; 213 (c) Tim Davis/ CORBIS; 214 (bg) Frans Lanting/Corbis; 214 (br) Kennan Ward/Corbis; 214 (c) Paul A. Souders/CORBIS; 214 (bl) Photo Link/Photodisc Green/Getty Images; 215 (tc) Kit Kittle/ CORBIS; 215 (tr) Phil McDermott/Alamy; 215 (tl) Tom Brakefield/CORBIS; 216 (bg) Frans Lanting/Corbis; 216 (c) Maurice Joseph/Alamy; 216 (tr) Wolfgang Kaehler; 217 (c) Rick Price/CORBIS; 217 (b) Wolfgang Kaehler; 217 (l) Wolfgang Kaehler; 218 (b) Dave Watts/Alamy; 218 (bg) Frans Lanting/Corbis; 219 (br) Tim Davis/CORBIS

Lesson 27
270 (t) Nature Picture Library/Alamy; 270 (b) Paul & Joyce Berquist/Animals Animals; 271 (t) Dr. Paul Zahl/Photo Researchers, Inc.; 271 (b) Joe McDonald/Bruce Coleman; 272 (l) DAVID M. DENNIS/Animals Animals; 272 (r) PAUL & JOYCE BERQUIST/Animals Animals; 273 (t) Nature Picture Library/Alamy; 274 (c) Oxford Scientific/Jupiter Images; 274 (tl) Photo Library Ltd/ Jupiter Images; 275 (r) Dr. Paul Zahl/Photo Researchers, Inc.; 275 (l) GREG HAROLD/AUSCAPE/Minden Pictures; 276 (t) Creatas/Jupiter images; 277 (r) Joe McDonald/Bruce Coleman; 277 (l) Mark Jones/AGE Fotostock; 278 (r) Martin Siepmann/ AGE Fotostock; 278 (l) UPPA/Topham/The Image Works

Photo Credits

Lesson 4
41 (tr) LA Cicero/Stanford University News Service; 42 (cr) Bettmann/Corbis; 46 (tl) NASA/Roger Ressmeyer/CORBIS; 47 (tr) Barry De Libero/Graybear Portrait Studio; 48 (bl) Reprinted by permission from FIND WHERE THE WIND GOES by Dr. Mae Jemison. Scholastic Inc./Scholastic Press. Copyright©2001 by Dr. Mae Jemison.

Lesson 7
70 (b) Eric Gay/AP Photo; 73 (tr), China Photos/Getty Images; 74 (cl) Eric Gay/AP Photo; 76 (tl) Mike Derer/AP Photo

Lesson 8
80 (c) Photodisc Gree/Getty Images; 81 (tr) GK Hart/Vikki Hart/Getty Images; 81 (b) GK Hart/Vikki Hart/Getty Images; 84 DK Limited/Corbis; 85 Photodisc Green/Getty Images; 86 (c) C. Fleurent/photocuisine/Corbis; 86 (br) GK Hart/Vikki Hart/Getty Images; 86 (inset) Joe Outland/Alamy; 86 (l) Photodisc Green/Getty Images; 87 Lynn Stone/Index Stock Imagery/Jupiter Images; 88 (tr) GK Hart/Vikki Hart/Getty Images; 88 (c) GK Hart/Vikki Hart/Getty Images; 88 (l) GK Hart/Vikki Hart/Getty Images; 89 GK Hart/Vikki Hart/Getty Images

Lesson 13
133 (tr) David Aubrey/Photo Researchers, Inc.; 133 (b) Philip James Corwin/Corbis; 134 (tl) Alan L. Detrick/Photo Researchers, Inc.; 135 (tr) Owaki/Kulla/Corbis; 137 (cr) Phillip Colla - V&W/Bruce Coleman, Inc.; 138 (br) Organics image library/Alamy

Lesson 21
210 (t) Royalty-Free/Corbis; 211 (cr) British Antarctic Survey/Science Photo Library; 212 (bg) Bob Krist/CORBIS; 212 (bg) Frans Lanting/Corbis; 213 (cl) BRITISH ANTARCTIC SURVEY/SCIENCE PHOTO, LIBRARY; 213 (br) Peter Johnson/CORBIS; 213 (c) Tim Davis/CORBIS; 214 (bg) Frans Lanting/Corbis; 214 (br) Kennan Ward/Corbis; 214 (c) Paul A. Souders/CORBIS; 214 (bl) Photo Link/Photodisc Green/Getty Images; 215 (tc) Kit Kittle/CORBIS; 215 (tr) Phil McDermott/Alamy; 215 (tl) Tom Brakefield/CORBIS; 216 (bg) Frans Lanting/Corbis; 216 (c) Maurice Joseph/Alamy; 216 (tr) Wolfgang Kaehler; 217 (c) Rick Price/CORBIS; 217 (b) Wolfgang Kaehler; 217 (l) Wolfgang Kaehler; 218 (b) Dave Watts/Alamy; 218 (bg) Frans Lanting/Corbis; 219 (br) Tim Davis/CORBIS

Lesson 27
270 (t) Nature Picture Library/Alamy; 270 (b) Paul & Joyce Berquist/Animals Animals; 271 (t) Dr. Paul Zahl/Photo Researchers, Inc.; 271 (b) Joe McDonald/Bruce Coleman; 272 (l) DAVID M. DENNIS/Animals Animals; 272 (r) PAUL & JOYCE BERQUIST/Animals Animals; 273 (t) Nature Picture Library/Alamy; 274 (c) Oxford Scientific/Jupiter Images; 274 (tl) Photo Library Ltd/ Jupiter Images; 275 (r) Dr. Paul Zahl/Photo Researchers, Inc.; 275 (l) GREG HAROLD/AUSCAPE/Minden Pictures; 276 (t) Creatas/Jupiter images; 277 (r) Joe McDonald/Bruce Coleman; 277 (l) Mark Jones/AGE Fotostock; 278 (r) Martin Siepmann/AGE Fotostock; 278 (l) UPPA/Topham/The Image Works